AF613150

PLOTIN

Geist – Ideen – Freiheit

Enneade V 9 und VI 8

Griechischer Lesetext und Übersetzung
von Richard Harder,
in einer Neubearbeitung fortgeführt
von Rudolf Beutler und Willy Theiler,
eingeleitet, mit Bemerkungen zu Text und
Übersetzung und mit bibliographischen
Hinweisen versehen
von Werner Beierwaltes

Griechisch–Deutsch

FELIX MEINER VERLAG
HAMBURG

PHILOSOPHISCHE BIBLIOTHEK BAND 429

Im Digitaldruck »on demand« hergestelltes, inhaltlich mit der ursprünglichen Ausgabe identisches Exemplar. Wir bitten um Verständnis für unvermeidliche Abweichungen in der Ausstattung, die der Einzelfertigung geschuldet sind.

Bibliographische Information der Deutschen Nationalbibliothek

Die Deutsche Nationalbibliothek verzeichnet diese Publikation in der Deutschen Nationalbibliographie; detaillierte bibliographische Daten sind im Internet abrufbar über ‹http://portal.dnb.de›.

ISBN 978-3-7873-0929-9

ISBN eBook: 978-3-7873-3279-3

www.meiner.de

INHALT

Die Skulptur – aufbewahrt im Museum zu Ostia – entstanden in der späteren Lebenszeit Plotins (205–270), ist vielfach mit diesem identifiziert worden, obgleich Plotin sich nach dem Bericht des Porphyrios "weigerte, einem Künstler zu sitzen" (Porph. Vita Plotini 1,10); Karterios, "der beste Maler der Zeit", habe ihn aus dem Gedächtnis gemalt, ihm "ganz ähnlich" (1,16–19): ein "Portrait" (εἰκών), das als Modell für die Skulptur dienen konnte. – Als absolut sicher kann die Zuweisung dieses Philosophenkopfes an Plotin freilich nicht gelten. Gisela M. A. Richter hat ihn als letztes Portrait in ihre Sammlung aufgenommen: The Portraits of the Greeks, vol. III, London 1965, 289 (mit Literaturhinweisen). – Zur philosophischen Problematik eines Portraits im Kontext von Plotins Bild-Denken vgl. W. Beierwaltes, Denken des Einen 91 f.

VORBEMERKUNG

In der "Einführung" konzentriere ich mich dem Zweck dieser Studienausgabe entsprechend auf einige Grundzüge von Plotins Philosophie; sie sollen von einem allgemeineren Blickpunkt aus einen ersten Zugang zu diesem Denken eröffnen. Ich beabsichtige also keine umfassende Paraphrase oder gar eine genauere Interpretation der hier vorgelegten Plotin-Texte; ich halte mich jedoch in meiner Skizze des plotinischen Gedankens eines Rückgangs des Denkens in sich selbst und seines Aufstiegs in seine eigenen Gründe vornehmlich an V 9 und VI 8, so daß die Grundeinsichten Plotins auch in einem spezielleren Lichte erscheinen können. Aus Porphyrs Vita Plotini (4,22 ff.) kennen wird die chronologische Reihenfolge von Plotins Schriften, die Porphyrios in seiner Ausgabe seinen eigenen Sachgesichtspunkten gemäß in 6 × 9 Schriften (sog. Enneaden) einteilte. V 9 ist die 5., VI 8 die 39. nach der berichteten Reihenfolge. Ohne daß man der von Fritz Heinemann (Plotin, 1921) verfochtenen Entwicklungsthese und ihren Konsequenzen im einzelnen folgen müßte, sind V 9 und VI 8 doch aufschlußreich für eine bestimmte Kontinuität ebenso wie für eine charakteristische Differenzierung der Grundform von Plotins philosophischer Theorie.

Um die "Einführung" von größeren Anmerkungen und umfänglicheren Nachweisen des Gesagten einigermaßen freizuhalten, habe ich mehr, als es vielleicht schicklich ist, auf eigene Publikationen verwiesen, in denen ich die Problemlage im allgemeinen und spezielle Fragestellungen entwikkelt und von den Texten her ausführlich dokumentiert habe.

V 9 und VI 8 zitiere ich in der "Einführung" und in den Bemerkungen zu Text und Übersetzung (S. 89 ff.) nach dem hier publizierten, von R. Harder, Rudolf Beutler und Willy Theiler erstellten “Lesetext”, andere Enneaden jedoch nach der kritischen Ausgabe von Paul Henry und Hans-Rudolf Schwyzer. Dies zu bemerken ist deshalb von Bedeutung, weil der Zeilenfall in der Ausgabe von Harder-Beutler-Theiler nicht durchwegs mit der kritischen Edition genau übereinstimmt.

Für die Abkürzungen der Ausgaben, auch für die in der “Einführung” nur verkürzt angegebene Literatur sind die “Bibliographischen Hinweise“ S. XLIII ff. zu vergleichen.

Zu VI 8 liegen einige Einzeluntersuchungen vor: Bréhier (Notice), Cilento (Libertà), Gollwitzer, Graeser 112 ff., Henry, Kristeller 78 ff., Müller, Rist (Plotinus 76 ff.; 130 ff.), Salmona, Theiler in B–T IV/b 355–396. Georges Leroux bereitet eine kommentierende Monographie zu VI 8 vor.

Für ein umfassenderes Verständnis des Begriffs von Freiheit bei Plotin ist das Studium vor allem folgender Texte (neben VI 8) aufschlußreich: I 4,8; I 8,14,21; II 3,9.15; III 1,2.4.7.9; III 2; III 3,2–4; III 4,5; IV 3,12 f.; IV 3,15,21; IV 4,39; IV 8,5.

EINFÜHRUNG

Giovanni Reale zugedacht

Die beiden hier vereinten Schriften über "Geist, Ideen und Seiendes" (V 9) und über Freiheit des Geistes und den "Willen des Einen" (VI 8) entfalten zentrale Gedanken Plotins, die einen Einblick in das Ganze seines Denkens eröffnen. Obgleich beide sich mit großer Intensität auf die begründenden und bestimmenden Prinzipien, die Ursprünge der Wirklichkeit insgesamt richten, machen sie dennoch dies deutlich: eine derartige Reflexion ist nicht abstrakt in sich selbst gedacht, sie soll vielmehr zugleich die Lebensform des Menschen prägen und deren Bewegungsziel ständig bewußt halten.

Diese Bewegung ist eine des Denkens, unmittelbar verbunden oder konkretisiert in einer ethischen Haltung, in der sich die umformende Kraft des Gedachten zeigt. Träger oder Vollzugsort von Denken ist auch für Plotin – aus Platon und Aristoteles her gedacht – die "Seele" (ψυχή). Vom einzelnen Menschen her gesehen ist Seele die Fähigkeit zu diskursivem, d. h. argumentativ begründendem Denken, welches – in Zeit verflochten – das jeweils Zu-Denkende auf dessen Einen, intelligiblen Grund zurückführt und es erst aus ihm heraus aufschließt. Dies vermag es durch die in ihm immer unbewußt wirkende und jeweils bewußt zu machende oder bewußt gemachte Gegenwart einer übergreifend-bestimmenden Wirklichkeit: des Geistes (νοῦς, Nus). Geist in der Seele ist somit der dem Denken transzendente und zugleich immanente Bezugspunkt seiner Tätigkeit; durch ihn zeigt sich das zeit-freie Sein des Zu-Denkenden in Zeit als die Bedingung des Begreifens eines für jedes Einzelne allgemeinen, es formenden oder bestimmenden Grundes. Dieser – durch den Geist in der Seele repräsentiert – ist in intensiverem Maße "seiend" als alles Andere "nach" oder "unter" ihm; dies heißt: er ist mehr Er Selbst, er ist als reine Wirklichkeit immer schon, was er sein kann, er umschließt als Einheit dasjenige, was sich aus ihm durch seine schaffende Dynamis in einzelne Gestalten entfaltet und was durch ihn für Anderes – für die Seele – allererst unterscheidbar und daher denkbar wird. Ursache für dieses Seiender-Sein des Geistes ist ein intensiveres Maß an Eins-Sein mit sich selbst und mit seinem eigenen Grunde, dem Einen selbst. Dieses ist als gründender Grund das Erste schlechthin, als Ziel des denkenden und im Denken lebenden Bezugs das Letzte zugleich. Der alle Fragen und Problemlösungen bestimmende Grund-Satz Plotins ist deshalb dieser: intensivste, innigste Einheit in der Weise des Einen selbst als der in sich seiende und bleibende Grund und Ursprung der Wirklichkeit insgesamt, des Geistes als der höchsten Form von Denken und Sein, der Seele als des reflexiven Grundes von Welt und Mensch, der Welt als der durch Geist und Welt-Seele strukturierten Form der Materie – ist philosophisch, in seiner ihm an ihm selbst zukommenden Werthaftigkeit, höher einzuschätzen als all die von ihm abhängigen Formen von Vielheit; es ist das Maß-Gebende schlechthin für Sein und Urteil. Von daher erscheint es als folgerichtig, wenn Philosophieren zuerst und im Blick auf jede Dimension der Wirklichkeit als "Denken des *Einen*"[1] begriffen und gefordert wird: im Vielen, welches sich uns als je Einzelnes und aus Einzelnem gefügter Zusammenhang zeigt, das Eine, d.h. dessen Spur, Bild und Spiegelung aufzuspüren, sein jedem Einzelnen zugrunde liegendes, es allererst ermöglichendes Wirken – durch Geist und Seele vermittelt – zu begreifen, es auch in den Formen der Sinnlichkeit seiner Verdeckung soweit als möglich zu entreißen und dadurch auch den dem Ursprung "fernsten" Bereich in bestimmtem Maße zu lichten. Dieses Denken des Einen ist identisch mit der anfangs genannten Rückführung in den jeweiligen Grund bis zum Letzten hin.

Im Gang dieser Bewegung denkt das Denken nicht nur ein ihm "von außen" Gegebenes, Anderes oder Höheres als es

[1] W. Beierwaltes, Denken des Einen. Studien zur neuplatonischen Philosophie und ihrer Wirkungsgeschichte, Frankfurt 1985. Zu Plotin insbes. 9–192.

selbst, sondern es denkt in je verschiedenen Stufen und Kräften sich selbst: sich im Begreifen abstoßend vom sinnlich Erscheinenden wendet es sich in sich selbst zurück; zunächst begreift die Seele sich selbst, indem sie den Geist in ihr als ihr wahres Selbst erkennt; sie bezieht sich durch diesen Akt in dessen noch intensiveren, in sich einigeren Selbstbezug ein und wird so fähig zu einem Blick in den Einheitsgrund des Geistes selbst. Dieser – das Eine und Erste – aber fordert durch seine Un-Denkbarkeit (in einem kategorialen Sinne) das Denken geradezu heraus, sich als begreifendes, auch im oder als Nus sich selbst denkendes zu übersteigen, jede durch einen denkenden Bezug bedingte Differenz zu verlassen oder zu überwinden, um seinen vormals höchsten Gedanken als Über-Sein und Über-Denken zu berühren, sich ihm unterschiedslos zu verbinden und letztlich sich mit ihm zu einen. Dieser in Zeit zumindest punktuelle Vollzug reinster Identität, der durch Denken des Einen, wo es denkbar ist, bis unmittelbar zum Umschlag hin vorbereitete Überstieg seiner selbst, ist das immer wieder umkreiste und bisweilen auch einholbare Ziel der Bewegung: Ekstasis als Total-Hingabe und Einung (Henosis) mit dem Einen.[2] Die Wendung in sich selbst und der Überstieg in seinen Grund, die Henosis, charakterisiert Plotin durch die plastische Metapher der Heimkehr des Odysseus. "Heimat" (πατρίς) ist ihm der Geist und das Eine – der ihm wesentlich zukommende "eigene" Ort.[3]

Seele – Geist – Eines: diese drei Wesenheiten, auf die sich das Denken Plotins konzentriert, sind bisher im Kontext einer Rückwendung des menschlichen Nachdenkens auf sich selbst und seinen Grund erschienen, so daß der Geist und das Eine als Momente oder als "ontologisch" und "henologisch" unterschiedliche Stufungen des menschlichen Denkens selbst gedacht werden konnten. Dieser Blick ist mit Plotins Reflexion auf die drei Wesenheiten als in sich selbst seiende und unterschiedene Wirklichkeitsgründe oder Hypo-

[2] Zu 'Henosis' als Vollendung von Plotins Mystik s. S. 123 ff. des in Anm. 1 genannten Buches.

[3] Vgl. I 6,8,16 ff.; in dem hier abgedruckten Text: V 9,1,20–22.

stasen im strengen Sinne des Wortes zu vermitteln, so daß sie weder als bloße Formen des Bewußtseins (der Seele), noch lediglich als "objektiv" gegebene "Substanzen" zu begreifen sind. Die in sich seienden und in sich zu denkenden Wesenheiten erschließen sich dem Denken allerdings nur in seiner Selbst-Erfahrung: daß es durch Geist und Eines begründet ist und im Selbst-Denken sich selbst erfassend und überschreitend diese – Geist und Eines – als in sich selbst seiende und zugleich als für das Denken der Seele, auf dieses hin seiende zu denken oder auszugrenzen vermag. Für die Vermittlung dieser beiden Aspekte ist das methodische Modell höchst aufschlußreich, das Hans-Rudolf Schwyzer im Gefolge Paul Oskar Kristellers vorgeschlagen und ausgearbeitet hat: "Die zwiefache Sicht in der Philosophie Plotins"[4] realisiert die Verbindung von "zwei gänzlich voneinander verschiedenen Strebungen" im Denken Plotins, indem sie einmal die von Plotin begründete Wirklichkeit im ganzen als "gegenständlich", so wie sie als in sich seiende sich zeigt, darstellt, und zum anderen das in dieser Wirklichkeit in der Seele erfahrbare und denkbare Potential für sie selbst entbindet, "im Bewußtsein einer inneren Steigerung" eben dieser Wirklichkeit die sog. "aktuale" Sicht vollzieht. Diese Doppelsichtigkeit führt ontologisch und henologisch Differentes und im Denken sich Unterscheidendes in die durch das Eine selbst ermöglichte Einheit zusammen und schließt so die Komplexität des Seins im ganzen und des ihm geltenden Denkens allererst auf. Unterscheidende Grenzen der Bereiche werden bewußt, aber ebenso deren in sich gestufter, zum Einen hin sich intensivierender Zusammenhang.

Diese "zwiefache Sicht" ist dem Denken Plotins auch insofern angemessen, als sie die seiende, d.h. die Wirklichkeit als ganze herstellende und bestimmende Bewegung des Ursprungs, als auch die auf diese bezogene denkende Bewegung des Menschen im Blick vereint hält. "Seiende" Be-

[4] So der Titel von H.-R. Schwyzers Aufsatz in Museum Helveticum 1, 1944, 87–99. Meine Charakterisierung der These a.a.O. S. 90 in: Plotins Erbe 96.

wegung meint den aktiv gründenden Hervorgang des Seins in seine unterschiedlichen Dimensionen aus dem Einen als dem in sich selbst bleibenden Ursprung, oder die Selbstentfaltung des reinen, absoluten Einen, Einfachen, mit sich relationslos Identischen in die Vielheit, die als Resultat dieser Selbstentfaltung des Einen nicht konturlos verschwimmt, im "Verlust" des ursprünglichen Einen dieses nicht lediglich negativ verdoppelt oder sich in der Negativität verfestigt – etwa im Sinne der gnostischen Theorie des "Falls" oder "Abfalls". Die in der Entfaltung des Einen in Vielheit mitgegebene, durch das Eine gesetzte Differenz stiftet nicht nur die Abgrenzung vom Einen und die Unterschiedenheit des Einzelnen im Vielen oder des vielheitlich Einzelnen untereinander, sondern sie läßt auch Einheit zu, die sich mit ihr oder durch sie bildet. Das aus dem Einen Hervorgehende ist also nicht der reine Unterschied zum Einen oder Ersten hin, es ist vielmehr als Zweites oder "erste Andersheit" höchstmögliche, intensivste Einheit in der Differenz oder durch sie hindurch. Im Hervorgang aus dem Einen wird das Zweite als die Einheit in der Differenz *es selbst,* indem es seine aus dem Ursprung weggehende Bewegung umkehrt und sich im Rückbezug auf diesen, also auf das Eine hin selbst begrenzt: Aus der zunächst "unbestimmten Zweiheit" bestimmt das Hervorgehende sich durch eben diese Rückwendung zu einer in sich vielheitlichen oder in sich differenten Einheit, "stellt sich" durch die vermittelnde Wirkung des Einen "selbst her" zur eigenen und eigentümlichen "Hypostasis". Die Rückwendung und die damit konstituierte innere Bezüglichkeit ist Denken – "Reflexion", ἐπιστροφή –; in der Wendung zum Einen hin, in der das Hervorgehende "sich selbst als es selbst herstellt", *denkt* es mit dem Einen zugleich sich selbst. Diese sich im Denken zu sich selbst begrenzende, zum Selbststand sich bestimmende Wesenheit oder "Hypostasis" ist deshalb zu Recht als Geist gedacht.[5]

Die "seiende" Bewegung, d.h. die das Sein insgesamt her-

[5] Zu dem "Prozeß" der Selbstkonstitution des Geistes vgl. W. Beierwaltes, Identität und Differenz, 28ff. Aus V 9 vor allem cap. 5.

vorbringende und bestimmende, dadurch unterschiedliche Wesenheiten und deren Dimensionen abgrenzende Bewegung, hat aufgrund ihres ersten Anfangs die Tendenz, weiter ins Viele zu gehen, das jeweils Konstituierte zu überschreiten und so die begrenzte, aber intensivere Einheit in eine "schwächere", "buntere"[6], weil durch Vielheit noch differenziertere Einheit zu entgrenzen. Diese Bewegung ins Viele läßt das Sein zwar an Einheit verlieren, hält aber zugleich an der Einheit ihres unmittelbaren Ursprungs in bestimmtem Maße fest und bringt sich dergestalt in eine neue Begrenzung oder "Hypostasis"[7]. Die dem Geist nächste, durch 'Logos' vermittelte Selbstbegrenzung eben dieser Bewegung ist die Seele: unter ontologischem Aspekt ist dies diejenige reflexive Kraft, die die mathematisch-relationierte Struktur des Kosmos begründet und erhält; sie stiftet ineins damit eine "Sympathie" seiner "Teile" als ein Zusammenwirken vieler auch gegensätzlich Seiender zu einem in sich harmonischen Ganzen. Diese durch die "Reflexivität" der Welt-Seele begründete Einheit der Welt, in der das Eine und der Geist in je verschiedener Intensität als Ur-Bild im Bild erscheinen, ist zugleich deren Schönheit. Als eine wenn auch in Zeit und Raum "zerdehnte", aber doch durch das Ursprungszentrum gehaltene Einheit verteidigt sie Plotin gegen die "Verleumdung" der Gnostiker ganz entschieden. Gegen deren dualistisch bedingte "Weltflucht" und "Weltverachtung" steht Plotins Überzeugung, daß die sinnenfällige Welt zwar nicht das "Erste und Letzte" sei, daß der Mensch sich nicht in seine unmittelbaren, durch sinnliche Erfahrung und Begierde geleiteten Weltverhältnisse verstricken dürfe; hingegen könne und müsse er das Sein der Welt als einer abgeschatteten Einheit zum Ansatzpunkt nehmen, eben dieses in seiner intelligiblen Struktur zu erfassen und es auf seine Gründe – den Geist und das Eine – zurückzuführen. Welt ist ihm Einübungsfeld in den Gedanken der Einheit.

[6] "bunt", ποικίλος, hat als Index von Vielheit seit Platon als Gegensatz zum ἀχρώματος (d.h. "Farblos"-)Sein der Idee oder der Einheit eine pejorative Bedeutung (vgl. z.B. Phaedr. 247c6).

[7] Zu "Hypostasis" vgl. Dörrie, Hypostasis.

Zwischen der individuellen Seele, der die Erfassung der Welt-Struktur und ihrer Gründe aufgegeben ist, und der Welt-Seele besteht keine trennende Kluft. Plotins vor allem in IV 9 entwickelte Konzeption, daß "alle Seelen Eine"[8] seien, behauptet ein Teilhabe-Verhältnis aller Seelen aneinander – analog der kosmologischen "Sympatheia" –, innerhalb dessen die Welt- oder All-Seele die individuellen Seelen umfaßt, bewahrt und auf sich hin richtet. So ist jeder Seele ein Bewußtsein ihres Grundes implizit gegeben, den sie zunächst im Ausgriff über ihre eigene Individualität hinaus realisiert, um ihn dann in der Erkenntnis ihres eigenen ontologischen Kontextes zur All-Seele hin mit deren sie übergreifenden Gründen zu verbinden.

Die Entfaltung des Einen ins Viele beschreibt Plotin durch verschiedene Metaphern: das Eine ist "Quelle", die als "Überfülle" neidlos an ihr selbst teilgibt, aber dennoch in ihr selbst sie selbst bleibt; im Sich-Verströmen gibt sie sich gerade nicht selbst auf, wird nicht mit dem aus ihr Hervorgegangenen differenzlos identisch. Weil das Eine als Quelle zugleich in Allem und über Allem ist, entspricht der historisch belastete, vielfach mit "Pantheismus" assoziierte Terminus "Emanation" – trotz der sprachlichen Analogie – nicht Plotins Intention. – Licht als eine "absolute", d.h. in ihrer Aussagekraft nicht begrifflich ersetzbare Metapher, macht sowohl die Stufen der Entfaltung als abnehmende, aber bis zur Materie hin reichende Lichtgrade[9] deutlich, als auch die jeweils verschiedene, denkende oder nur vernommene Intelligibilität der einzelnen Dimensionen. Licht verbindet sich mit Kreis als Metapher[10]: Geist und Seele stellen Kreise dar, deren Zentrum in je verschiedener "Entfernung" das Eine ist, und deren Radien, vom Einen ausgehend, sich in einer näheren (Geist) und ferneren (Seele) Peripherie begrenzen. Die Grundlegung jedes Punktes in beiden Dimensionen ist durch das Eine garantiert, ebenso der Bezug jedes Punktes ins Zen-

[8] H. J. Blumenthal, Soul, World-Soul, bes. 56ff.

[9] II 9,3,21. – W. Beierwaltes, Plotins Metaphysik des Lichtes.

[10] In dem hier abgedruckten Text VI 8: cap. 18,8ff.

trum zurück, durch das er als er selbst gehalten bleibt. Die konzentrischen Kreise fungieren auch als Ansatzpunkt für den das Zentrum umkreisenden Rückgang des Denkens.

Das Begreifen der uns erscheinenden Welt als ein Akt der Rückführung auf deren intelligible Gründe, vollzogen in der Rückwendung der individuellen Seele auf sich selbst, ist identisch mit jener zuvor genannten denkenden Bewegung: sie ist in gewissem Sinne die im denkenden Bewußtsein sich entfaltende “Antwort” auf die lichthafte Veräußerung des Anfangs, die “psychische” Umkehrung der ontologischen Bewegung der Selbstentfaltung des Einen. Im begreifenden Erfassen von Welt und in der damit beginnenden denkenden Selbst-Erfahrung nämlich vollzieht die Seele in ihr selbst die seiende (ontologische) Bewegtheit von “unten” nach “oben” nach; dadurch – auf dem Weg nach innen und oben, im Rückgang und Aufstieg also – ist die Seele in die Lage versetzt, die an sich seiende, zeit-frei gedachte Entfaltung des Einen in Geist und Seele in zeithaften Verhältnissen gleichsam zu rekonstruieren; indem sie derart die “gegenständliche” mit der “aktualen” Sicht vermittelt, wird sie selbst zur Mimesis oder zum aktiven Bild der vom Einen ausgehenden und in es zurückbezogenen Kreis-Bewegung.

Dieser Kreis schließt als ontologische Entfaltung und als denkende Rückführung die Materie mit ein. Freilich kann sie im Vergleich zum Einen, dem Geist und der Seele nicht als eigene “Hypostasis” gedacht werden, weil ihr aus ihr selbst heraus weder Sein noch eine zu anderen, eigentlichen Formen analoge Form oder selbstursprüngliches Wirken zukommen.[11] Sie ist keineswegs eindeutig zu fassen: “Material”, oder vom Geist, der zugleich demiurgischer Geist ist, zu formendes Substrat von Welt, aber auch das “erste Böse”, welches als schlechthin Nicht-Seiendes und Formloses die Seele

[11] Dies trotz V 8,7,22, wo die Materie als “äußerste” oder “letzte Form“ (εἶδός τι ἔσχατον) bezeichnet wird. Zum Begriff der Materie vgl.: D. O’Brien, Plotinus and the Gnostics, sowie die umfassende Studie von J.-M. Narbonne, Le problème de la Matière chez Plotin. Vorläufig: Ders., Plotin et le problème de la génération de la matière; à propos d’un article récent, in: Dionysius 11, 1987, 3–31.

dennoch – paradoxerweise – aus ihr selbst heraus "lockt" und somit weiter ins Viele zieht. Diese zerstörerische Form von Negativität zu erkennen und ihr zu entgehen, gehört zu den immer wieder geforderten Anstrengungen einer universalen Selbstbesinnung des Menschen.

Plotins Schriften V 9 und VI 8 geben in je verschiedener Weise Aufschluß über die begreifende Mimesis und die Rekonstruktion des zuvor beschriebenen zweifachen Kreises, indem sie beide mit der Selbst-Erfahrung der Seele einsetzen: mit der Rückwendung der Seele und ihrem sie verwandelnden Aufstieg in den Nus (V 9) – und mit der Frage nach Wesen und Maß der eigenen Freiheit, die den Blick auf deren absolute Begründung eröffnet (VI 8).

Modell für den Weg nach "innen" und "oben", für den Rückgang des Denkens in sich selbst aus dem sinnlich erscheinenden Vielen heraus und für den inneren Aufstieg zu den Gründen des Denkens – Geist, Ideen in ihm und das Eine – ist der in Platons 'Symposion'[12] von Diotima gezeigte und empfohlene Weg des Aufstiegs: er setzt ein in der sinnlichen Erfahrung des körperlich Schönen und führt durch Stufen des Einfacher- und Geistiger-Werdens in ein Letztes, welches zugleich das Erste, das durch sich selbst Schöne ist (2,9 f.).[13] Der Bildcharakter des erscheinenden Schönen verweist auf dessen Sein als Ursprung des eigenen Bild-Seins. Der Einblick ins Intelligible durch das sinnenfällige Schöne hindurch "gelingt nur dem von Eros Bewegten, dem Philosophen", der a priori, von seiner eigenen physis her, den Nus als intelligiblen Grund des Sinnenfälligen bewußt hat, der in seinem fragenden Denken und Leben auf "wahres Sein", "Idee" und "Eines", auf den "Glanz oben" hin orientiert ist. Dieser Weg vermittelt im Sinne Plotins auch die Erfahrung, daß die Seele aufgrund der ihr eigenen 'pathe', der Affekte oder Lei-

[12] 210 a ff.

[13] Zu Plotins Begriff des Schönen und einer damit verbindbaren "Ästhetik": A. H. Armstrong, Beauty and Discovery of Divinity. W. Beierwaltes, Marsilio Ficinos Theorie des Schönen im Kontext des Platonismus, bes. 18 ff. – Die im folgenden in Klammern gesetzten oder in den Anmerkungen stehenden Hinweise beziehen sich ohne Angabe der Enneade auf V 9.

dens-(= Veränderungs-)Fähigkeit, selbst nicht das Erste sein kann. Sie wird sich daher selbst zum Impuls, sich auf ein 'a-pathes', ein von Affekten Freies hin zu überschreiten, ein Seiendes, das sich selbst genügt, das unerfüllte Möglichkeit aus sich ausschließt und deshalb in eigentlichem Sinne "Wirkliches" (ἐνέργεια), "wahres Sein" (ἀληθὴς οὐσία: 3,2) sein kann. Das Durchdenken des "Zusammengesetzten" (3,9 ff.) im Bereich des Vielen führt zu einem der Seele begreifbaren in sich Einigen, Einfachen als dessen Grund, zu einer in sich einigeren Form von Einheit als sie – die Seele – es von ihr selbst her anfänglich zu sein imstande ist: zum Geist. Was dessen 'physis' ist (c.5 f.), kann als Negation dessen verstanden werden, was die Seele als diskursives Denken "noch" im Vielen sein muß: durch Möglichkeit dialektisch mitbestimmtes Wirklich-Sein gegenüber einem Sein in reiner Wirklichkeit, einem Sein, das, was es "hat" und "denkt", von sich selbst her und aus sich selbst heraus "hat" und "denkt", und dieses zugleich als sich selbst hat und denkt; somit ist es eins oder *identisch* mit dem, was es hat, indem es dieses *denkt*. Das von ihm Gedachte oder ohne zeitliche Prozessualität Zu-Denkende ist Sein oder seiende Idee. So denkt der Geist, indem er Sein und Idee denkend herstellt (ὑφίστησιν: 5,14; 7,12), sich selbst als Sein und – als dessen Konkretionen oder Differenzierungen – die Ideen. Aus dem Gedanken der in reiner zeitfreier Wirklichkeit sich vollziehenden Einheit oder Identität von Denken und Sein heraus ist der in anderen Schriften[14] Plotins noch aspektreicher entwikkelte Satz zu begreifen: "Wenn er [der Geist] von sich selbst her und aus sich selbst denkt, ist er selbst, was er denkt" (5,6 f.; 5,13 f.; 6,1 ff.): ganz in sich selbst auf sich im Denken bezogen, reine Selbstgegenwart (συνὼν αὑτῷ: 7,9; 8,9), die die Differenz von Denken als eines auf ein Zu-Denkendes gerichteten Aktes in eine höchstmögliche Einheit oder in eine durch das Denken als Leben des Geistes begründete dynamische Identität fügt. Die Intensität des Eins-Seins im

[14] Hinweise in W. Beierwaltes, Denken des Einen 43 ff. Plotin. Über Ewigkeit und Zeit 25 ff.

oder als Denken ermöglicht die Aussage, daß der Geist durch seine nicht-diskursive, zeitfrei intuitive Form von Denken "Alles zugleich" (πάντα ὁμοῦ: 6,3;8) sei. Nachdem er aber in seinem Sein – im Blick auf das nicht-denkende Eine, aus dem er ist und durch das er denkt – "noch" Denken und dies in der subtilsten Weise des Selbst-Denkens ist, muß Differenz in ihm wirksam sein: als die Gegenständigkeit des Zu-Denkenden, als der jedem Zu-Denkenden immanente, aktiv abgrenzende Unterschied, als der Impuls für das Denken, sich im Erfassen des ihm Gegenständigen von diesem zu unterscheiden und es zugleich mit allem Anderen zu verbinden. Durch die Differenz des Einzelnen (des Seienden im Sinne der Ideen, die auch als "Götter" zu denken sind) hindurch führt das Denken in die Identität des Ganzen in oder trotz der Differenz. Im je Einzelnen, Unterschiedenen (6,3), in dessen je "eigentümlicher Kraft" (6,9), erscheint das Ganze, in ihm ist das Differente aufgehoben und dennoch als solches präsent (... ὁμοῦ πάντα καὶ αὖ οὐχ ὁμοῦ: 6,8f.). Der Geist also ist die Alles umfassende Einheit oder Identität von Denken und Gedachtem oder Zu-Denkendem, in der das Eine "im" Anderen (10,10) *durch* Denken oder dieses selbst ist.[15] Diese denkend-seiende All-Einheit (ἐν ἑνὶ πάντα: 9,15) ist als eine – trotz der Bewegung des Denkens – in sich ruhende "archetypische" "Fülle"[16] der Grund der Möglichkeit, sich schöpferisch, das Sein der Welt als Bild ihres Ursprungs konstituierend, zu veräußern.[17]

Gerade V 9 "Über Geist, Ideen, Sein" forderte eine genauere Analyse dessen, wie Plotin den mehrfach schon genannten Begriff "Idee" gebraucht und wie sich darin seine eigene Weiterentwicklung der platonischen Ideen-Annahme zeigt. Hier möge ein Hinweis für den Ansatz dieser Analyse genügen: was in der Beschreibung des absoluten Sich-Selbst-Denkens 'Zu-Denkendes' oder zeitfrei, d.h. nicht als Resultat

[15] Zur Problematik im ganzen: Th. A. Szlezák, Platon und Aristoteles in der Nus-Lehre Plotins 120ff. W. Beierwaltes, Identität und Differenz 24ff. Zur Interpretation von V 8,4: Denken des Einen 57ff.

[16] 8,9; 9,7. – VI 8,14,33.

[17] 5,20; 9,12.

eines Denkaktes 'Gedachtes' hieß, kann auch mit 'Idee'[18] identifiziert werden. Ideen sind daher als gedachtes und zudenkendes Sein zu begreifen – sie sind daher nicht "bloßer" Gedanke, dem kein in sich bestehendes Sein zukäme[19], sondern seiende Formen eines absoluten Denkens, die aufgrund der Identität von Denken und Sein in ihm zeitfrei "immer schon" gedacht sind. Der Ort also, an dem sie als gedachte sind, ist das reine Denken selbst, der Geist. Durch ihn als den transzendenten κόσμος νοητός sind sie in einer abgeleiteten, durch Differenz zwischen Denken und Zu-Denkendem bestimmten Form in der Seele des Menschen, der von diesem Grund her sagen kann: "Jeder von uns ist eine intelligible Welt."[20]

Die Ideen sind also nicht nur in sich seiende Sinngestalten einer in sich bestehenden, dem Bereich des Werdens transzendenten, ihn aber formenden "intelligiblen Welt", sondern sie sind in einem absoluten Denken dieses selbst; d.h.: sie sind als dessen in sich unterschiedene Bezugspunkte zu denken, die durch Selbst-Reflexion in eine dynamische Identität gefügt sind. Darin unterscheidet sich Plotin wesentlich von Platon, obgleich er sich auch hierin als sein Interpret dünkt. Platons Erwägungen zum idee-erfüllten "Lebewesen selbst" (Tim. 39e) und zu einem "vollkommen Seienden", dem auch Leben und Denken zukommen müsse (Soph. 248e), weiterhin Platons auch im 'Sophistes' erprobte Theorie von der Zusammengehörigkeit der "wichtigsten Katego-

18 wenn auch nicht ausschließlich: in V 8,4 z.B. die Bedeutung der "Götter" als Ideen (vgl. hierzu auch den Hinweis in Anm. 15).

19 Die in Platons Parmenides 132b3–c11 behandelte Aporie, ob die Idee ein gedachter Gedanke, d.h. in ihrem "Sein" durch die Seele selbst konstituiert sein könne, liefe darauf hinaus, daß Idee als ein in sich Intelligibel-Seiendes, vom Denken in ihrem Sein Unabhängiges aufgehoben würde. Platons Gedanke selbst und Plotins Identifikation des in der absoluten Identität von Denken und Sein Gedachten mit der Idee steht also gegen eine radikale "Subjektivierung" des Idee-Seins in einer bloßen "Vorstellung".

20 Zu den Voraussetzungen und Konsequenzen dieser These (III 4,3,23) vgl. Denken des Einen 174ff.

rien": 'Sein – Selbigkeit – Verschiedenheit – Stand (Ruhe) – Bewegung' nahm er als Ansatzpunkte für seine eigene Konzeption: den Ideen ein denkendes "Subjekt" zu geben und dieses als eine in sich komplexe Bezüglichkeit absoluten Denkens einsichtig zu machen.[21] – Plotin vollendet damit eine vor allem durch Xenokrates vorangebrachte Entwicklung, die sich schon bei Albinos – in einem wesentlichen Aspekt – zu einer Lehre des Mittleren Platonismus verfestigte: Ort der Ideen ist der sich selbst denkende Gott (ein Konzept, das von Aristoteles ausgeht, ihm aber, was die Ideen anlangt, zugleich widerspricht); daher sind die "Ideen ewige und vollkommene (absolute) Gedanken Gottes".[22] – Plotin setzte sich auch mit spezielleren Problemen und Aporien der platonischen Ideen-Theorie auseinander, so mit der für Platon schon prekären Frage (Parm. 130c), ob es auch Ideen von Negativem oder Minderwertigem gebe, ob also die Ideen-Theorie nur unter Einschluß von Derartigem als universal betrachtet werden könne; weiterhin, ob auch Ideen von Individuen angenommen werden müßten.[23]

Die durch seine denkende Aktivität maßgebende Ursprünglichkeit des Geistes beschreibt Plotin mit der Metapher – oder dem Begriff – des "Gesetzes": der Geist sei "der erste Gesetzgeber, oder besser: das *Gesetz des Seins* selber" (5,29). Hierfür und damit auch für den Gedanken der Identität von Denken und Sein beruft er sich auf drei Sätze aus der philosophischen Tradition (5,30ff.): Zuerst auf den für ihn zentralen Grundsatz des Parmenides: "Das Selbe ist Denken und Sein", dann auf die aristotelische Überzeugung: "Das Wissen [oder begreifende Verstehen] des Materielosen ist mit

[21] K.-H. Volkmann-Schluck, Plotin 26ff. P. Hadot, Être, Vie, Pensée 108ff. Th. Szlezák, Nuslehre Plotins 121ff.

[22] Albinos, Eisagoge 163,13.27ff. (Hermann). H. J. Krämer, Der Ursprung der Geistmetaphysik 41ff.; 111ff.

[23] V 9,12.14,7ff.; V 7 thematisiert die mit 'Αυτοσωκράτης einsetzende Frage ausführlicher. Vgl. hierzu J. M. Rist, Plotinus 86f. H. J. Blumenthal, Did Plotinus believe in Ideas of Individuals? A. H. Armstrong, Form, Individual and Person.

der Sache identisch", und auf Heraklits Spruch: "Mich selbst habe ich gesucht".[24] Alle drei werden sie nicht in ihrem ursprünglichen Sinn aufgenommen, zudem schafft die enge Verbindung der drei einen neuen Aspekt. Daß Parmenides und Aristoteles auf dasselbe verweisen sollen, hat seinen Grund im plotinischen Konzept des Sich-selbst-Denkens des zeitfreien, "absoluten" (χωριστός) Geistes: dieser denkt sich selbst als sein eigenes Sein, oder: sein eigenes Sein – die in sich differenzierten Ideen – denkt er als sich selbst; der *Identifikationsakt* ist möglich, weil beide, Denken und Sein, die reine Wirklichkeit des Geistigen, mit ihrem "Träger" oder "Subjekt", dem Geist, eine untrennbare Einheit ausmachen. Zur Erhellung dieser Einheit wurde für Plotin nicht minder maßgebend der höchste Gedanke der aristotelischen Theologik: daß der Gott – reine Wirklichkeit des Geistes und als solche "bestes und immerwährendes", "kontinuierlich" denkendes Leben – sich selbst denkt, oder, als reines Denken "Denken des Denkens" (νοήσεως νόησις), Denken seines Denkens und damit seiner selbst ist.[25] Der denkende

[24] Die metaphorische Benennung des Nus durch "erster Gesetzgeber" oder "Gesetz des Seins selber" hebt im Kontext des Gedankens der Identität von Denken und Sein das Selbst-Sein des Geistes, seine Autarkie (trotz seiner Abkunft vom Einen) heraus, die das zu-denkende Sein weder "vor" noch "nach" sich hat, sondern dieses in sich selbst denkend ist; sie macht aber auch zugleich dessen konstitutive, maß-gebende Kraft deutlich. Insofern ist der Verweis in H-S^2 auf auf Numenius Fr. 13 (des Places) als mögliche Quelle aufschlußreich, der dem ersten Gott (dem "Seienden", ὁ ὤν) den demiurgisch wirkenden als zweiten folgen läßt und diesen Aufgrund seines Wirkens als "Gesetzgeber" (νομοθέτης) bezeichnet. Auch der plotinische Nus ist Demiurg (II 3,18,15). – Bestimmend für die Metapher ist zudem (allerdings ohne den Aspekt notwendiger Kausalität) der stoische Gedanke des Logos als Harmonie stiftende Weltgesetzlichkeit – der "gemeinsame Logos" (κοινὸς λόγος), der als "gemeinsames Gesetz" (κοινὸς νόμος) Alles bestimmend durchdringt; Kleanthes, Zeus-Hymnus (Stoic. Vet. Fr. I n. 537, p. 121,35; 122,8.17.20; 123,5). Ein heraklitischer Grundgedanke ist hier in einem neuen Kontext maßgebend geworden (Fr. B 114). Vgl. auch Maximus Tyr., Philosophumena XI 12; 145,1 (Hobein). – Die drei Zitate 5,27ff.: Parmenides, Fr. B 3; Aristoteles, de anima 430a3; 431a1–2.; Heraklit Fr. B 101: ἐδιζησάμην ἐμεωυτόν.

[25] Met. 1072b19ff.; 1074b34f. Zur Kritik Plotins an der Konzeption des

Selbstbezug des Gottes kann nur bei sich selbst bleiben, sofern er seinem Begriff gemäß als das selbst in sich Werthafteste (τιμιώτατον) und Beste (κράτιστον)[26] dieses auch denken muß, und nur dieses, d.h. sich selbst, denken kann, wenn er sich nicht selbst "unterschreiten" möchte. – Das Heraklitische "Mich selbst habe ich gesucht", sachlich verbindbar mit der in diesem Kontext auch genannten platonischen Wiedererinnerungslehre, muß für Plotins Geist-Begriff ohne eine zeitliche Folge von Suchen und Finden eines ihm Verborgenen verstanden werden, wenn es als eine Quasi-Aussage des absoluten Nus selbst angenommen wird: dessen Denken sucht nicht, sondern hat "immer schon", was es suchen könnte, es hat sich selbst als das, was es denkt und ist. Indes könnte "Mich selbst habe ich gesucht" sehr wohl eine Folge von Suchen ins Finden anzeigen, sofern es die Intention der Seele beträfe, in ihr selbst den Geist als ihr "wahres Selbst" – ihr eigentliches, intelligibles Ich im "Mich selbst" – aus seiner Verborgenheit zu befreien, d.h. dessen ständiges, aber unbewußtes Wirken in der Seele bewußt zu machen. Im Sinne der "zwiefachen Sicht" sind beide Aspekte zugleich sinnvoll. Selbsterkenntnis der Seele oder Bewußt-Werden und Bewußt-Sein des eigentlichen Selbst in ihr ist jedoch nicht nur ein cerebraler, folgenloser Akt, sondern bewirkt eine radikale Verwandlung der Existenz im ganzen. Das Bewußt-Werden des Nus als eines absoluten, der in uns sein Bild hat, erhebt die Seele in eine neue, sie mit sich selbst und ihm zugleich einiger machende und damit dem Einen näher bringende Dimension; wir wissen nicht nur in einem objektivierenden Sinne, daß der Geist Grund und Movens unseres Denkens ist, sondern im Bewußt-Werden des Unbewußten und in der Tendenz zu einem immer intensiveren Eins-Werden heben wir uns selbst in Geist auf, werden selbst Geist – in der Immanenz des Denkens identifizieren wir uns mit dessen transzendentem Grund: der Geist ist "unser und

Aristoteles, gemäß der der Gott als das Erste Prinzip denkt: V 1,9,7 ff. Vgl. auch V 6,5,5 ff. und 6,8 ff.

[26] Met. 1074b26; 34.

nicht-unser" zugleich: in uns selbst gehen wir über uns hinaus, um im eigentlichen Sinne zu uns selbst zu kommen.[27]

Wendung ins Innere und verwandelnder Aufstieg in ihm ist terminologisch auch als 'aphairesis' zu fassen[28]: eine Abstraktionsbewegung, in der sich das Denken immer mehr aus seinen vielheitlichen Bezügen herausnimmt, davon "abstrahiert", sich zu immer intensiverer Einheit hin befreit, indem es das Einheitspotential in ihm selbst – den Geist und das diesen begründende, in ihm vorlaufende Eine – aktiviert und entfaltet. Dieser abstrahierende Aufstieg ist zugleich ein Akt des Ähnlicherwerdens mit dem Ursprung (ὁμοίωσις) – eine Vorbedingung der Einung mit ihm. Wenn diese und zuvor schon ein ausgrenzendes Denken des Einen selbst durch Negationen gelingen soll, dann muß die 'aphairesis' universal und radikal sein. Plotins Imperativ lautet deshalb: ἄφελε *πάντα*, "Tu Alles weg"[29]. Vor einer Einung mit dem Einen selbst muß daher das Denken in die Fähigkeit eingeübt werden, alles Vielheitliche und deshalb dem Einen "Fremde" – im Blick auf dieses als das schlechthin Nicht-Viele ('A-pollon')[30] – zu negieren, d.h. ihm alle kategorialen Bestimmungen, die dem vielheitlichen Sein – und auch noch dem Nus – legitimerweise zukommen, "wegzunehmen", es dadurch in dem, was es nicht ist, von allem Anderen auszugrenzen. Dieser Akt des ausgrenzenden, das Eine umkreisenden Negierens geschieht im Bewußtsein, daß das Wissen um die Nicht-Wißbarkeit des In- oder An-sich-Seins des Einen und Ersten die höchste und angemessenste Weise eines Denkens des Einen ist. Es ist dies die Grenze zum Umschlag ins Nicht-Denken, zum Überstieg seiner selbst in eine über-rationale Identifikation mit dem Ursprung als Erfüllung des Denkwe-

[27] V 3,3,26. Denken des Einen 131 ff.; 176 ff. Zu Geist-Werden (νοωθῆναι) vgl. dort S. 131,10. Hier in VI 8: 5,35. Speziell zur Unterscheidung der "psychischen" und "noetischen" Selbstreflexion oder Selbsterkenntnis: G. J. P. O'Daly, Plotinus' Philosophy of the Self 20 ff.; 52 ff.; 70 ff.

[28] Denken des Einen 108 f.; 129 ff.; 255 f.

[29] V 3,17,38. In VI 8: 15,33; 19,4; 21,26 f.

[30] V 5,6,26 ff.

ges; in ihr ist der reflektierende in den "liebenden Geist" (VI 7,35,24) übergegangen, der – entdifferenzierend – allein eine Total-Hingabe in der Einung ermöglicht.

Die universale Negation stellt das Eine selbst heraus als das von jeglicher Differenz in ihm selbst Freie. Dadurch gerade ist es von allem Anderen, was durch es ist und Differenz in sich hat, schlechthin verschieden: es ist absolute Differenz (ἕτερον ἁπάντων)[31] und Transzendenz. In der negierenden Ausgrenzung erscheint es deshalb als "vor", "über" oder – in der Nachfolge von Platons Bestimmung der Idee des Guten (Resp. 509 b) – als "jenseits" von Allem, was in sich bestimmt, von Anderem abgegrenzt, und so in sich und von Anderem different ist. Als Weisen der Differenz oder Differenzierung gelten: Form, Gestalt, Grenze; sie müssen deshalb dem in sich Differenzlosen und zu allem Anderen Differenten abgesprochen werden. Konsequenterweise ist deshalb das Eine als form-los gedacht, ohne Gestalt und grenze-los oder unendlich. Dadurch ist das Eine jedoch nicht als "konturloser", "diffuser", irrational-dunkler Ungrund charakterisiert, sondern als die "seiende" Negation aller Vereinzelung, die in ihm als dem umfassenden Grund und Ursprung als "noch" nicht Differentes oder Vereinzeltes im Modus der Vor-Habe – nicht des relational distanzierten Habens – dennoch zu denken ist. Die differenz-lose, unaufgeschlossene Einheit alles nachmals Differenten im Einen selbst macht gerade dessen "Mächtigkeit" aus. Durch diese seine Über-Bestimmtheit, seine Form-losigkeit kann es – mit seiner "Mächtigkeit" und seiner "Fülle" paradox zusammengedacht – nur als die absolute Negativität oder als das "Nichts von Allem" erscheinen, es schließt deshalb auch von sich aus, daß es mit dem allgemeinsten Prädikat der kategorialen Sprache als "seiend" benannt werden könnte: im Sinne dieser Bedeutung von Sein ist es nicht, was nur auf eine Potenzierung seiner Wirklichkeit verweist. Das "Nichts von Allem" ist nur Es Selbst; damit ist es freilich nicht wiederum als 'Etwas' im Sinne eines Seienden, einer in sich abgegrenzten Form oder Wesenheit

[31] z. B. V 3,11,18.

zu denken. Daß es gerade nicht als ein 'Etwas'[32] (πρὸ τοῦ τὶ), als etwas Seiendes, und auch nicht als das *höchste* und *erste* 'Etwas' zu denken und zu benennen ist, dies hat Plotin immer wieder hervorgehoben. Leitlinie war ihm im Gang der Negationen die erste Hypothesis des platonischen 'Parmenides', deren Gegenstand er mit dem Einen selbst identifizierte und ihr bis ins Absprechen von 'Sein' folgte: ἔστι δὲ οὐδὲ τὸ "ἔστιν"[33].

Die radikale Negation, die das Eine als Nichts von Allem oder als das von Allem Unterschiedene ausgrenzt, führt zu einem folgenreichen Sprachproblem. Wenn Denken und Sprache immer ein als Seiendes Umgrenztes, also Form, Gestalt, 'Etwas' denken und sagen, so ist das Eine als solches, in dem, was es in ihm selbst "ist", nicht angemessen denkbar und sagbar. Sogenannte positive Aussagen, wie etwa die, daß es universaler Grund und Ursprung und somit durch sein Wirken auch in Allem sei, müssen unmittelbar durch die 'parmenideischen' Negationen kontrapunktiert werden; den Paradoxien, die affirmieren und zugleich negieren (z.B. das Eine ist "Alles und Nichts"), kommt ein hoher Annäherungswert zu; Metaphern, obgleich bisweilen nicht durch Begriffe ersetzbar, haben eine verweisende, andeutend-umschreibende Funktion, die das Denken in eine dem Einen angemessenere Form führen sollten. Die "Übertragung" überlegt ausgewählter Aussagen und Termini aus dem Bereich der Differenz auf das Eine kann nur unter einem Vorbehalt geschehen, der die Uneigentlichkeit jeder Benennung bewußt macht und hält. Da Sprache als ganze durch ihre Benennungs- und Aussage-(Satz-)Struktur ein Phänomen der Differenz ist, wäre Schweigen über das in und an sich "In-Differente" konsequent. Da jedoch die Überzeugung von der Wirklichkeit eines Grundes in sich und seines Wirkens im Anderen die stärkste ist, ist auch ein Reden "über" ihn und ein

[32] πρὸ τοῦ "τὶ": V 3,12,52. Vgl. unten S. 91f. meine Erläuterung von VI 8,9,10 im Zusammenhang mit 9,42: ἀόριστον.

[33] VI 7,38,1 (Plat. Parm. 141e9f.). W. Beierwaltes, Plotins Erbe 77f. (zu Plotins Rezeption des platonischen 'Parmenides').

Bericht "von" und "aus" der Erfahrung der Einung mit ihm durchaus gerechtfertigt – freilich im Bewußtsein der Unzulänglichkeit solcher Rede. Bestimmt von Skepsis gegenüber der Möglichkeit und Leistung der Sprache im Blick auf das Absolute hat solche Rede aus der Einungserfahrung heraus immerhin einen "antidogmatischen" Effekt: die nicht abschließbaren und fixierbaren Aussagen über den Einen Grund bleiben trotz der begrifflichen Anstrengung des Weges gewissermaßen in der Schwebe und fordern ständig zu neuem meditativen Umkreisen desselben heraus. "Dergestalt müssen wir von Ihm reden, da wir nicht die Kraft haben, so zu reden, wie wir wohl möchten" oder eigentlich sollten.[34]

Den ausgedehntesten Gebrauch von der sprachlichen Lizenz, über das Eine etwas affirmierend unter Vorbehalt und verbunden mit unmittelbarer Selbstkorrektur auszusagen, macht Plotin in VI 8.[35] Seine Bereitschaft, auch der Affirmation einen bedingten, vorläufigen Sinn zuzugestehen, zeigt sich grundsätzlich schon darin, daß in diesem Kontext das Erste überwiegend als das *Gute* gedacht wird, in der Identität mit dem Einen selbst – so daß sämtliche Aussagen für beide gelten.[36] Zudem stehen beide für den Gott. Daß sie aus dieser Identität heraus in einem eigens begründeten, aber gegen die grammatische Regel verstoßenden Wechsel mit neutraler und maskuliner Form – "Jenes" oder "Jener" – benannt werden, bezeugt zumindest dies: das göttliche Eine oder Gute wird nicht auf ein in sachlichem Sinne neutrales Es beschränkt, nicht bewußt von einem "personalen Sein" aus-

[34] VI 8,18,52f. – in die Wir-Form umgesetzt. Vgl. auch 19,1ff.11,26: "Notwendigkeit oder Zwang der Wörter", d.h. der Differenz-Sprache, die eine adäquate Redeweise ausschließt. W. Beierwaltes, Denken des Einen 452f.; auch 102–107. Zur Unterscheidung von Rede 'über' Etwas und der Intention, 'Etwas' unmittelbar als Es selbst auszusprechen: F. M. Schroeder, Saying and Having in Plotinus, in: Dionysius 9, 1985, 75–84. Bezugspunkt dieses Gedankens z.B. V 3,14,5f.

[35] Die in Klammern stehenden Hinweise auf Plotin-Texte beziehen sich von hier an ohne Angabe der Enneade auf VI 8.

[36] Für die gesamte Entfaltung des Gedankens in VI 8 ist diese Identität evident. Ansonsten: z.B. II 9,1,1ff.; V 5,9,35f.

gegrenzt, sondern als das erste, ursprüngliche und herausgehobene Selbst begriffen (14,41f.; 20,18f.).

Die in VI 8 über das Erste unter Vorbehalt gemachten affirmativen Aussagen zeigen zum großen Teil einen *Selbst-Bezug* des Prinzips an – etwa in: "Es oder Er schafft sich selbst", "liebt oder will sich selbst", ist "Herr seiner selbst". Dies ist insofern erstaunlich, als Plotin, indem er das Eine als das in sich schlechthin Differenz-Freie denkt, ihm eigentlich auch keine immanente Bezüglichkeit zusprechen dürfte. Denken – auch in seiner intensivsten, mit sich selbst einigsten Form: als Nus – ist wesentlich durch Relationalität bestimmt, in der sich der Denkende (das Denken als Akt – νόησις) auf das ihm gleich-wesentliche aber dennoch differente Zu-Denkende richtet und sich mit ihm identisch setzt. Daher kann im strengen Sinne das Eine als Relationsloses nicht denken – dies nicht im Sinne einer Defizienz, sondern einer "Steigerung" dessen, was das Denken des Nus als Einheitsbewegung und Identifikationsakt von Denken und Gedachtem "vor ihm" leistet. Es ist daher eher ein vor-denkendes, d.h. vor dem Denken im eigentlichen Sinne seiendes "Denken", ein "Über-Denken" (ὑπερνόησις: 16,32). Zu dem Konzept eines nicht-denkenden Über-Denkens ist Plotin durch seine frühere Erwägung hindurch gelangt, ob nicht dem Einen ein 'Selbstgewahren' (κατανόησις) oder Selbstbewußtsein (συναίσθησις) zugedacht werden müsse, das sich im *Einen* allerdings vom Differenz-Denken zu unterscheiden hätte.[37] Seine Andeutung über dieses "*anders* denkende", absolut mit sich einige Denken (νοήσει ἑτέρως: V 4 [7] 2,18) führt Plotin nicht aus.

Wenn nun in VI 8, trotz der auch hier durchdringenden Priorität der Negation, Aussagen über eine innere Bezüglichkeit des Einen zu sich selbst – wenn auch mit Vorbehalt – gemacht werden: daß es eine "auf sich selbst hin" und in sich selbst bezogene Wirklichkeit und so "ganz zu sich selbst hin"

[37] Siehe hierzu die differenzierte Wort- und Sachuntersuchung von F. M. Schroeder, Synousia, Synaisthaesis. W. Beierwaltes, Denken des Einen 42ff.

sei, eine “Neigung” oder ein “Blick” auf sich selbst hin, der sich selbst als den Angeschauten gerade nicht zum “Gegenstand” macht (16,20.24.28; 17,25 ff.) – dann hat dies vielleicht den Sinn, das Eine nicht als ein absolut Leeres und Abstraktes erscheinen zu lassen. Vielmehr könnte der gegenüber dem Nus bis zur Ununterschiedenheit der Relata gesteigerte Selbst-Bezug im Einen-Guten gerade dessen All-Macht, sein δύναμις-πάντων-Sein, seine “Überfülle” evident machen, durch die es alles Andere aus sich hervorgehen läßt.[38] Aussagen über Relationen im Einen – durch ein οἷον – “gleichsam” (z.B. 7,47 ff.; 13,6 ff.) in suspenso gehalten, geäußert und wieder aufgehoben – haben auch eine pädagogische Funktion: aus dem Vertrauen auf ihre Überzeugungskraft (τῆς πειθοῦς χάριν: 13,4; ἐξ ἀνάγκης ἐνδείξεως ἕνεκα: 13,48) könnte bewußt werden, daß unvermittelter Selbst-Bezug die Selbstgenügsamkeit des Einen, seine Unabhängigkeit von Anderem, seine Bestimmtheit durch sich selbst, sein “Seiner-selbst-Herr-Sein” bedingt und damit Grund seiner absoluten Freiheit ist. Die relationalen Aussagen suggerieren für das Eine eine Fülle von Selbstbezügen, die in der Weise, wie die Differenz-Sprache sie ausdrückt, im Einen realiter nicht bestehen. Auch wenn sie als direkte Aussagen wieder aufzuheben sind, deuten sie dennoch an, daß es im Einen derartige Selbstbezüge geben müsse, die sich von den Selbst-Verhältnissen in den Dimensionen der Differenz durch Intensität und identifikatorische Einheit wesentlich unterscheiden, für die wir jedoch nicht über eine eigene, dem Absoluten angemessene Sprache verfügen.[39]

Selbst-Bezug oder reine Selbstheit als Grund oder Wesen der *Freiheit* des Einen – dies wird, wie zuvor angedeutet, von mannigfachen Aspekten her einsichtig:

a) Das Eine oder Gute “schafft sich selbst”, “bringt sich selbst hervor”, “stellt sich selbst als Selbststand her”, ist “Ursache” und Grund seiner selbst.[40] Damit wird für das Eine

[38] III 8,10,1; V 4,1,36; 2,38. ὑπερπλῆρες: V 2,1,8 f.

[39] Vgl. Anm. 34.

[40] ποιεῖ ἑαυτόν: 13,55; 15,8 f.; 16,21; 20,2; 25 f. – παράγων ἑαυτόν: 20,21.

kein Prozeß aus einem Noch-Nicht-Sein in seine eigene Wirklichkeit behauptet, nicht ein zeitlich späteres Resultat aus einer "anderen", es bewirkenden Ursache; es ist vielmehr "immer schon" Wirklichkeit, in sich verharrende Wirklichkeit (16,15), die ununterschiedene Einheit von Sein und Schaffen als ein ewiges "Gebären" (20,27); Wirken und Erwirktes (ἐνέργημα) sind im Einen als das innigste Zusammenwirken zu denken. Benennungen, die für diesen Sachverhalt eine Differenz anzeigen, meinen daher eine an sich indifferente Verbundenheit in höchster Aktivität. Dies ist der Grundzug einer absoluten Ursache, deren selbstbezügliche Wirksamkeit – ἑαυτοῦ ... ἐνέργημα αὐτός (16,17) – in wiederkehrender Epoché durch Akte innigster Vereinigung erfaßt wird: durch Denken und Lieben (16,15 ff.). Der inneren Freiheit des Einen von Subordination entspricht oder geht die "von außen" gedachte voraus: Dem Einen ist kein es hervorbringender Grund – ein anderes "vor" ihm – vorgeordnet, es ist vielmehr durch und aus sich selbst das Erste, die absolute, mit sich selbst einige Selbstkonstitution, die gerade dadurch Grund vor allem Anderen, das "nach" ihm ist, sein kann. Der Grund seiner selbst ist zugleich "absolutes Schaffen" (ἀπόλυτος ποίησις: 20,6) von Anderem.

b) Als autonomer Grund seiner selbst ist das Eine auch "seines eigenen Seins mächtig" (τῆς αὐτοῦ οὐσίας κύριος:

ὑποστήσας αὐτόν; 13,57; 16,14. – αἴτιον ἑαυτοῦ: 14,41. – ἑαυτοῦ ἐνέργημα αὐτός: 16,17; 19,15 ff.; 20,2 ff: Kein Vorher und Nachher im "Prozeß" der Selbst-Gründung. Sein Sein ist mit dem Hervorbringen seiner selbst identisch, es ist zeit-freies, ewiges "Gebären" seiner selbst: 20,27 (γέννησις). Über meine Bemerkungen zur Entwicklung des Begriffes 'causa sui' in "Identität und Differenz" 26 und 72 hinaus verweise ich auf die gnostische Konzeption des 'αὐτογενής'. Diesen und analoge Termini interpretiert innerhalb der gesamten spätantiken Problemlage J. Whittaker in einer aspektreichen Abhandlung, in die er auch Gnosis, Hermetik und Plotin einbezieht: The historical Background of Proclus' Doctrine of the Authypostata, in: De Jamblique à Proclus, Entretiens sur l'Antiquité Classique, ed. O. Reverdin, Tome XXI, Vandœuvres-Genève 1975, 230. Im frühen Mittelalter nimmt Eriugena diesen Gedanken wieder auf in seiner Konzeption eines trinitarischen Sich-Selbst-Erschaffens des Gottes: creare se ipsum (Denken des Einen 349–362).

10,22); als "Herr" seines eigenen, aus ihm selbst und es selbst seienden Seins verfügt oder "herrscht" nur es selbst über sich; Relationen mit unterordnendem "Objekt"-Bezug in der Weise von Herrschen und Beherrscht-Werden, die das Unter- oder Nachgeordnete zu einem Teil des Herrschenden machen würden, sind in ihm nicht denkbar. Es steht also weder in ihm selbst noch von außerhalb seiner selbst in Verhältnissen der Abhängigkeit; es ist somit das "einzige", "reine", "ganze" und "in Wahrheit Freie": die absolute Freiheit (20,18f.34; 21,31; V 5,9,14f.17; V 5,10,3). Die so gedachte absolute Freiheit des Einen impliziert für sie allerdings nicht eine Wahlmöglichkeit, auch "anders" sein zu können; es ist vielmehr notwendig so, wie und was es ist (18,41ff.). Eine derartige Notwendigkeit ist gerade nicht mit einem von außen kommenden Zwang, auch nicht mit einem letztlich doch heteronomen Selbstzwang identisch, sondern – mit der Freiheit vermittelt – Ausdruck dafür, daß es "das Beste" ist, so zu sein (10,26). Absolute Freiheit als umfassende Mächtigkeit zu Allem schließt den Gegensatz, auch anders als das Beste sein zu können, aus sich selbst aus; es wäre gerade "Machtlosigkeit" (ἀδυναμία), das seinem eigenen Sein Gegensätzliche auch zu vermögen und damit die höchste Form von "Sein" und Einheit aufzugeben (21,6).

c) Der Selbst-Bezug des Einen ist also weder ein beliebiger, "zufälliger", "so, wie es sich gerade ergab" (ὡς συνέβη), noch ein durch Zwang bedingter, sondern insofern ein "freier", als er einer Zustimmung des Einen-Guten zu sich selbst entspringt oder mit dieser identisch ist: "Sich selbst gefallen", "sich selbst lieben", "Liebe zu sich selbst" (αὑτοῦ ἔρως) zu sein (7,40; 16,13; 15,1) ist als eine Form aktiver Zustimmung und Selbstzuwendung zu verstehen. Der diese "intentionale" Bewegung umfassende und begründende Akt aber ist das Wollen oder der Wille (ἐθέλειν, θέλησις, βούλησις). Vom Einen oder Guten gesagt meint Wille primär dessen Selbst-Bezug: es will und wählt sich selbst; im Sich-selbst-Wollen schafft es sich selbst, und will daher nur das, was es aus seiner Selbstkonstitution heraus ist (und nichts Anderes), es will "Es" oder "Er selbst" sein, sein Wille und sein Sein sind dasselbe (v.a. cap. 13). – Erstmals innerhalb der griechischen Philosophie identifiziert Plotin das Erste mit dem Willen, das bisher in der für Plotin maßgebenden Tradition als Idee des Guten oder als denkender Selbstzug und – teleologisch – als unbewegt Bewegendes gedacht wurde.[41] Nicht den "Willkür-Willen" favorisierend bedeutet Plotins Konzeption indes keine Verdrängung von Rationalität, sondern eher deren Stärkung. Der Wille des Einen zu seinem Selbst-Sein ist seine Freiheit. Als Grund seiner selbst (seines Seins) ist er auch Grund des Anderen außer ihm durch eine freie Teilgabe an ihm selbst.[42] Als Wesensausdruck des Guten und der darin sich zeigenden "Intentionalität" schließt er Zufall und Geschick, aber auch blinde, bezwingende Notwendigkeit als Formen der Irrationalität für ein Verstehen von Welt entschieden aus. Die in VI 8 durch zahlreiche Beweisketten hindurch wie ein Leitmotiv immer wiederkehrende Abwehr von τύχη, τὸ συνέβη, αὐτόματον als Wesen oder Struktur des Prinzips und damit auch seiner Welt läuft auf die Begründung eines in sich klaren und "vernünftigen" Ursprungs hinaus, der als absolute Freiheit will, was er ist. Dies jedenfalls sollte als Gewißheit bleiben, trotz der sprachlichen Epoché gegenüber diesem Verhältnis, das an sich als ein in-differentes gedacht werden sollte. – Ob Plotin die für ihn unbezweifelbare Gewißheit eines "vernunft"-gemäßen Prinzips gegen einen "verwe-

[41] Weiterentwickelt wurde dieser, wenn auch mit epoché vorgetragene Gedanke Plotins durch die christliche Theologie, die ihrerseits, vor allem in der Auslegung des biblischen Schöpfer-Begriffes, über eine Identität von Sein, Denken und Wollen in Gott (v.a. Augustinus) den Willen als Wesensmoment Gottes bis in eine prinzipiell voluntaristische Omnipotenz-Theologie hinein steigerte (Johannes Duns Scotus). Eine erste aber umsichtige Wegweisung in die historischen Bedingungen dieser Entwicklung und in einige ihrer Phasen gibt. E. Benz, Marius Victorinus und die Entwicklung der abendländischen Willensmetaphysik, Stuttgart 1932. – P. Hadot, Porphyre et Victorinus, Paris 1968, I 297ff. – Zu Verbindung und Unterschied in der Konzeption des Willens griechisch und christlich vgl. A. Dihle, Die Vorstellung vom Willen in der Antike, Göttingen 1985; dasselbe mit ausführlicheren Anmerkungen in englischer Fassung: The Theory of Will in Classical Antiquity, Berkeley/Los Angeles/London 1982.

[42] K. Kremer, Bonum est diffusivum sui 999ff., bes. 1011ff.

genen Logos" (7,11) verteidigt, der ihm vielleicht von einem christlichen Besucher seiner Vorlesungen als Einwand vorgetragen wurde, oder ob er damit eine gnostische Position treffen will[43], ist m. E. bisher noch nicht endgültig und überzeugend entschieden; beide Aspekte sind bedenkenswert und für die geschichtliche Situation Plotins höchst aufschlußreich.

Der Gedanke über Freiheit in VI 8 entfaltet sich – methodisch analog zu V 9 – als eine Rückführung (ἀνάγειν)[44] in deren Grund; sie setzt ein mit einer Reflexion auf die Möglichkeit, auf das Maß und Ausmaß *menschlicher Freiheit,* indem sie diese aufgrund höherer, vollkommenerer, von Kontingenz befreiter Formen von Freiheit (Geist), letztlich durch die absolute Freiheit des Einen und Guten eröffnet und garantiert sieht. In diesem Gedanken vollendet sich die vor allem seit dem Hellenismus spürbare Internalisierungsbewegung von Freiheit und ihre Begründung auf die dem Menschen aus seinem Ursprung zukommende höchste Möglichkeit seiner selbst. – Ein geschichtlich bedingtes Motiv dieser Reflexion mag auch die vielfältige Erfahrung von Unfreiheit sein (1,23 ff.); sicher ist sie ein wesentliches Moment in Plotins philosophischer Intention, 'aphairesis' zur Grundbewegung des Denkens und des menschlichen Seins, des ethischen Verhaltens insgesamt zu machen.

'Aphairesis' als wachsende Abstraktion vom Vielen ist vom Begriff Freiheit her als "Befreiung" von allem "Fremden" (ἀφαίρεσις ἀλλοτρίου παντός: I 2,4,6) zu begreifen, an deren Ende das dem Menschen höchstmögliche Maß von Freiheit sich verwirklichen kann: unter diesem Aspekt ist Henosis mit dem Einen als dem "einzig in Wahrheit Freien" höchste Freiheit. Einung vollzieht sich als Ekstasis (VI 9,11,23), in der der Sich-Einende alle gewohnten, der Dimension des Vie-

[43] A. H. Armstrong plädiert für einen christlichen Ursprung des τολμηρὸς λόγος (7,11): Two Views of Freedom 401 ff., É. Bréhier (Notice 125 f.; 131) und V. Cilento (Paideia Antignostica 25; 224 f.) vermuteten zuvor eine gnostische Quelle. – R. Harders Deutung von ἑτέρωθεν in 7,11 als "Gedankenexperiment des Plotin selber" halte ich nicht für überzeugend.

[44] 3,2.22; 6,20 f.; 19,8 ff.

len zugehörigen Verhältnisse verläßt – auch das zwischen Freiheit und Unfreiheit –, so daß die zuvor relative, durch das Viele begrenzte Freiheit sich, wenn auch nur punktuell, entgrenzt in absolute Freiheit –

"Aufgehoben
Ins Geheimnis
Des Anbeginns"[45].

Dies zeigt einen Zustand an, der die "normale" Freiheits-Sprache übersteigt (15,21 ff.).

Plotin greift das Phänomen *begrenzter* menschlicher Freiheit in Benennungen auf, die allesamt auf eine differenzierte, auch kontroverse Behandlung des Begriffs Freiheit in der philosophischen Tradition verweisen – durch Platon, Aristoteles, die Stoiker und Epikur[46]: τὸ ἐφ' ἡμῶν oder ἡμῖν – "was in unserer Verfügung oder in unserer Macht steht", Handlungen, die auf uns selbst als verantwortliche Urheber zurückgeführt werden können; ἑκούσιος – "freiwillig", als Charakter einer Handlung, die unserer auf Vernunftgründen beruhenden Wahl oder Auswahl (προαίρεσις) entspringt, die ohne Zwang oder Gewalt aus einem Wissen ihrer Bedingungen und Umstände sich vollzieht; αὐτεξούσιος – "was auf unserem eigenen Vermögen beruht"; ähnlich dem κύριοι εἶναι – "Herr über etwas zu sein" – hier über die aus bewußten Vorsätzen oder Ziel-Überlegungen hervorgehende Praxis, die in ihrem

[45] Diese Verse entstammen einem Gedicht von Gotthard de Beauclair, die ich auf Plotins Erfahrung der Rückkehr und der Einung hin denke (Gotthard de Beauclair, "Zeit – Überzeit. Versnoten und Bildgedichte", Hamburg 1976 [47]: der erste Teil eines Triptychons lyrischer Dichtung, die im Bewußtsein des Gegenwärtigen "Sang im Gegenwind" sein will und ist. In ihrer Sprache sind auch philosophisch-mystische Gedankenströme bildend wirksam geworden, ohne daß sie als solche aufdringlich zutage treten).

[46] Eine Skizze dieser Vorgeschichte bei B-T IVb 355 f. P. Henry, Le problème de la liberté chez Plotin II 186 ff. – M. Pohlenz, Griechische Freiheit, Heidelberg 1955. A. Dihle, Die Vorstellung... (vgl. Anm. 41) 79 ff., 114 ff. (dt. Ausgabe); 68 ff., 102 ff. (engl. Ausgabe). Speziell zu Wort- und Begriffsgeschichte von ἐλεύθερος vgl. D. Nestle, Eleutheria. Studien zum Wesen der Freiheit bei den Griechen und im Neuen Testament, Teil I: Die Griechen, Tübingen 1967.

spezifischen Wirkbereich und in ihrem Denk-Ursprung von keinem Anderen und Äußeren bestimmt und von ihm abhängig ist. – All diese Benennungen zeigen eine im Blick auf die Gründe – den Geist und das Eine – relative, innere, die äußeren Umstände bedingt miterfassende Autarkie des Menschen an. Dies gilt nicht minder für den umfassendsten, primär juristisch und politisch bedeutsamen Begriff des ἐλεύθερος – den "Freien": ein Grundwort in der Wesensbestimmung der attischen Polis, im Gegensatz stehend zu dem fremdbestimmten δοῦλος, dem "Sklaven". Entpolitisiert (das Politische allenfalls in der Königs- oder Gesetzes-Metapher für das Erste mitgedacht) benennt Plotin dann auch die absolute Freiheit des Guten oder Einen, des Gottes, mit ἐλεύθερος und αὐτεξούσιος (20,32.34; 21,9.31).

In seiner impliziten Auseinandersetzung mit überkommenen Freiheitskonzepten und mit den Formen einer Bestreitung von Freiheit (τύχη, συνέβη etc.)[47] stellt Plotin die Frage nach dem Ort der Freiheit: worin, in welchem Vermögen der Seele vollzieht sie sich? Was ist die ontologische und ethische, lebensgeschichtliche Voraussetzung für die Verwirklichung relativer Selbstbestimmung und Selbstursprünglichkeit menschlicher Handlungen? Wie ist die menschliche Form von Selbstbestimmung des Denkens und Handelns in den umfassenden Zusammenhang von Gründen über den Nus zum Einen hin eingefügt? Von Plotins grundsätzlicher Einschätzung menschlicher Vermögen her ist es evident, daß weder die sinnliche Wahrnehmung, noch eine argumentativ nicht zu rechtfertigende und daher ungewisse und unsichere Meinung (δόξα) oder Vorstellung (φαντασία)

[47] Hintergrund dieser Opposition Plotins gegen Zufall oder Notwendigkeit als ein Grundprinzip der Wirklichkeit, das gegen dessen Frei-Sein, seine Autarkie, seine absolute Selbstbestimmtheit steht, ist eine besonders seit Aristoteles (z.B. Phys. II 4–6) sich entfaltende Diskussion, die auf vorsokratische Konzepte (v.a. Demokrit) antwortet und dann durch die Stoiker und Epikur im Zusammenhang mit der Frage nach Kausalität und Geschichte (Heimarmene) in unterschiedlicher Abzweckung weitergeführt wird. In dieser Diskussion bis zu Plotin hin zeigt sich die enge Verwobenheit physikalischer und ethischer Fragestellung und Theoriemotive.

Fundament und Bereich einer Verwirklichung von Freiheit sein kann. Diese sind als sinnliche Erfahrungen und Affekte (παθήματα) noch unmittelbar an die vielheitliche Struktur des Leibes gebunden. Aus dieser gerade, aus den von ihr ausgehenden Irritationen und Impulsen gilt es, sich durch universale 'aphairesis' in steter Steigerung zu befreien. Wesentlich für ein Gelingen dieser aus der Verstrickung ins Viele herausführenden Bewegung ist die Einsicht, daß Wissen und Erkennen Bedingungen von Freiheit sind (c.2). Dies ist die Stufe zu der umfassenderen Einsicht, daß nur ein Denken und Leben gemäß dem Nus, d.h. aus seiner Dimension als Maßgabe heraus, ein von den 'pathemata' des Leibes freies sein kann. Eine derartige Einsicht, zu einem dauernden Bewußt-Sein gefestigt, gibt dem in Zeit- und Raum-Bedingungen sich weiterhin vollziehenden Leben zumindest eine andere, neue Form, in der es sich auf seinen Grund hin öffnet und sich so mit immer intensiverem, in sich einigerem Sein von Einheit verbindet. Die denkende Bewegung als Rückgang der Seele in sich selbst, wie sie auch im Zusammenhang von V 9 charakterisiert wurde, entdeckt den Grund und das Prinzip von Freiheit: den *Geist* (3,19ff.; 5,1ff.). Also nur durch ihn als die seiende Voraussetzung unseres Denkens und durch unsere je eigene Realisierung dieses unseres Grundes in uns, die einer Transformation unseres Seins und Bewußtseins gleichkommt (νοωθῆναι: 5,35), sind wir allererst frei: frei von der "Versklavung" ans Viele und frei für das Eine und Gute, für den aus dem Geist weiter führenden Aufstieg. Die Annahme einer immanenten Verbundenheit des Nus mit dem Guten – das seiner 'physis' notwendig mitgegebene Streben zu ihm als seinem Prinzip (5,33ff.) – zeigt gegen eine Identifikation von Freiheit mit beliebiger Willkür einen qualitativ gedachten Begriff von Freiheit an: sich aus der Dimension des Geistes heraus vom Guten bestimmen zu lassen, und dies heißt auch: nicht tun können, was man tun will, sondern wollen können, was man tun soll – dies ist die höchste Form von Freiheit im Handeln. Die Maßgabe des Guten wird nicht als heteronomer und entfremdender Zwang erfahren, sondern als mit den inneren Intentionen des Denkens übereinstimmende, aus ihnen resultierende Befreiung. Nicht-Freiheit oder "Versklavung" ist deshalb nur zum Nicht-Guten hin denkbar (4,17ff.). Daß der Nus "nicht anders kann" als dieser seiner Grundorientierung auf das Gute hin zu "folgen", beruht auf der in seiner Einheit begründeten, übergangslosen Identität von Möglichkeit und Wirklichkeit, von Sein als Wirken (τὸ αὐτὸ τὸ εἶναι ἐκεῖ καὶ τὸ ἐνεργεῖν: 4,28), die mit der Entscheidung oder "Entschiedenheit" des Menschen zu ihm hin übereinstimmt (III 2,10,19). Der in dieser Identität sich ereignende reflexive Selbst-Bezug des Geistes ist der Ausdruck seiner relativen (auf das Eine und Gute hin"relativen") Autarkie, in der er sich selbst gegenwärtig ist, sich gehört und über sich selbst verfügt; begründet wird sie aus dem autarken Selbst-Bezug des Einen, aber zugleich auch von ihm übertroffen, weil dieses nicht mehr "Zwei als Eines [Einheit in der Zweiheit], sondern Eines [reine Einheit] ist" (οὐ δύο ὡς ἕν, ἀλλὰ ἕν: 12,35). Die Einheit in oder trotz der Zweiheit hingegen ist als deren stärkste Form die Selbstreflexion des Denkens, in der nach dem in V 9 zitierten aristotelischen Grundsatz Denken und Gedachtes dasselbe sind – ein Wesensmoment des materiefreien Seins des Geistes. Daraus ergibt sich für Plotins Begriff der Freiheit – für ihren "Ort" als Wesens- und Wirkbereich: τὸ ἄνυλόν ἐστι τὸ ἐλεύθερον, "das Materiefreie ist das Freie" (6,26). So entsteht und besteht Freiheit nicht im oder durch theorieloses Handeln, sondern in dem und durch den von Handlungen "noch" freien Geist, der sich "dann" handelnd konkretisiert, sich vereinzelt. "Tugend", der in der philosophischen Überlieferung zentrale Begriff für eine bewußte, theoriegeleitete ehtische Haltung, steht zu Freiheit in einem dialektischen Verhältnis: Tugend als der in der Selbstbesinnung erreichte, das Handeln jeweils initiierende und prägende "Zustand" der Seele ist eine Realisationsform von Freiheit. Dies zeigt sich auch für Plotin als Sinn der platonischen These: ἀρετὴ ἀδέσποτον "Tugend ist herrenlos" (Resp. 617e. Plotin 5,31). Sie ist – plotinisch weitergedacht – nicht von anderswoher bestimmt als aus dem Geist selbst und damit aus dem Einen-Guten, somit aber von diesem ihrem Grunde her durchaus auch selbstbestimmt und selbst-bestimmend; sofern wir ihre Möglichkeit ergreifen wollen, sie “wählen” (5,31 f.), “stellt sie das Frei-Sein her”, κατασκευάζει τὸ ἐλεύθερον (5,32 f.). Die Tugend erweist sich damit als ein “zweiter Geist”, als eine Grundstruktur und als ein Handlungsprinzip der “Geist gewordenen” Seele (5,34 f., 6,22). Tugend ist also selbst eine “innere Wirksamkeit” (ἐντὸς ἐνέργεια) des Geistes, eine Form des Denkens und der Betrachtung (νόησις καὶ θεωρία: 6,21). – Es ist aber auch, sofern man – diese Gedankenreihe umkehrend – den Geist zum Subjekt macht, zu sagen: Geist als eine von der Seele in der Rückwendung auf sich selbst erreichte Phase, der damit gewährte Nachvollzug von dessen Selbstreflexivität, das Sich-Identifizieren mit seiner Einheit von Sein und denkendem Wirken, aber auch mit seiner Gerichtetheit ins Gute (6,32 ff.) – dies ist, plotinisch in der “aktualen Sicht” einer ontologischen und lebensgeschichtlichen Befreiung durch ‘aphairesis’ gedacht, als Freiheit zugleich Tugend: καλλίστη ἀρχή – “schönster Ursprung” (3,21) beider. Man mag dies als Plotins Begründung von Platons Grundsatz ansehen, Tugend sei Wissen – auf Ideen gründende Einsicht – und als solche in der Tat “herrenlos” Herr ihrer selbst. – Wenn die sich durch das Gute bestimmen lassende Selbstverfügung ein Akt des Willens ist, dann macht dieser für die Seele in der Dimension des Nus eine mit dem *Denken* untrennbare Einheit aus: im “betrachtenden und ersten Geist” ist eine Verselbständigung des Willens, der nur wollte, weil er will, und gar nicht wissen müßte, was er will, nicht denkbar. Wille und Denken sind vielmehr ihn ihm – in ihrer gemeinsamen Konzentration auf das Gute – identisch: ἡ δὲ βούλησις ἡ νόησις, “der Wille ist das Denken” (6,36) in dem durch diese Identität freien Geist. Indem Plotin eine derartige Untrennbarkeit des Willens von Vernunft, Begriff, Denken, sowohl für die Möglichkeiten des Menschen als auch für die Dimension der Prinzipien oder Gründe festhält und eigenständig in seinen metaphysischen Grundgedanken einfügt, erweist er sich auch in diesem Bereich als bewußter Erbe der griechischen philosophischen Überlieferung. Gegen eine mögliche Isolierung von Willen und Freiheit vom

Denken, oder gar gegen deren Irrationalisierung ist für Plotin nur ein von Denken, Begriff, Vernunft bestimmter und geleiteter Wille überzeugend als Voraussetzung verantwortbaren Handelns, so wie die Freiheit oder der Wille des Einen und Guten der Grund für die Entfaltung auch einer Welt-Wirklichkeit ist, deren Struktur trotz aller Einschränkungen durch Formen der Differenz und Defizienz von ihrem Ursprung her bestimmt und verstehbar bleibt.

Mit der Entfaltung des Begriffs Freiheit als eines Denkens, Wollens, Lebens "gemäß" dem Geiste, und dies heißt: eines Lebens aus ihm als dem Grund und Prinzip von Freiheit, ist in der Reflexion auf den Rückgang der Seele in sich und auf ihren inneren Aufstieg der Ort erreicht, in dem und von dem aus nach dem umfassenden Grund[48] eben dieser Freiheit des Geistes selbst gefragt werden kann: nach der *absoluten Freiheit* des *Guten* oder dem sich selbst bestimmenden *Willen* des *Einen*. Der mit dem 7. Kapitel einsetzende zweite Teil der Schrift entwickelt in differenziert verschlungener Form, aber dennoch mit innerer Folgerichtigkeit die Gedanken über das Erste, die ich zuvor nur andeuten konnte. Sofern man sie von ihrem Ende und Ziel her mit ihrem Einsatzpunkte: der begrenzten, menschlichen Freiheit, verbindet, so erweisen sie sich als die notwendige Voraussetzung eines bewußten Lebens, als die Lebens-Frage schlechthin. Philosophische Reflexion auf die Gründe der Wirklichkeit, vor allem auf den Geist und das Eine selbst, deren komplexe, in sich unterschiedene Erscheinungsformen die uns begegnende sinnliche und intelligible Wirklichkeit ausmachen, muß Konsequenzen für die "Lebensform" des Menschen haben: dies ist eine der maßgebenden, immer wieder durchscheinenden oder appellativ spürbar werdenden Grund-Überzeugungen Plotins. Leben des Einen ist deshalb der unmittelbare lebensweltliche Ausdruck eines Denkens des Einen.

Die Letztbegründung menschlicher Freiheit in der Freiheit des Absoluten zeigt dem Menschen den Weg, auf dem er sich in der Weise universaler 'aphairesis' von den Phänomenen

[48] 18,3: περίληψις πάντων καὶ μέτρον.

der Vielheit und Differenz zu einer möglichen, ent-differenzierten Einung mit dem Einen hin befreien kann. Seine Entwicklung der Freiheitsstufen gründet Plotin in ein in sich klares, “intentionales” Prinzip der Einheit von “Wille” und “Sein”, dessen Gewißheit unumstößlich erscheint. Zugleich drängt er Zufall, Ungefähr, Geschick und Notwendigkeit als Welt- und Lebens-Prinzipien, die keinerlei Selbstbestimmung zulassen, zurück. Dadurch vermag er Menschen seiner Zeit, die einem “Zeitalter der Angst”[49] ausgesetzt sind, eine bestimmte Verläßlichkeit des Zu-Denkenden einsichtig zu machen und ihnen in ihrem Denken und Leben eine zumindest relative Sicherheit zu vermitteln.

Das Eine, um das Plotins Denken kreist, gehört also wesentlich zur Selbstvergewisserung des Menschen. Dessen denkender und liebender, auf die Henosis mit ihm hin gerichteter Bezug zu ihm ist Bedingung und Maß dafür, daß dem Menschen eine Erschließung sinnvoller, erfüllender Lebensbewegung gelinge und daß er sich in ihr zu halten vermöge. “Metaphysik” in dieser plotinischen Gestalt ist sicherlich alles andere als “abstrakter Überbau”, in sich fixiertes Denkkonstrukt, sondern schon von ihrer ursprünglichen Intention her zu einer prägenden Form des Lebens vermittelt. Diese in ihr begründete, geforderte und auch vollzogene Einheit von Denken und Leben war vielfach auch der Grund dafür, daß diese Philosophie – darin der platonischen gleich – in geschichtlich veränderten Kontexten als selbst veränderte, neue, aber ihrem Ursprung dennoch verbundene Denk- und Lebens-Gestalt wirksam werden konnte[50].

[49] Unter diesem Aspekt macht E. R. Dodds einen Grundzug religiöser Erfahrung von Marc Aurel bis zu Konstantin hin deutlich: Pagan and Christian in an Age of Anxiety, Cambridge 1965.

[50] Vgl. hierzu meine Studien zur Wirkungsgeschichte der neuplatonischen Philosophie in “Denken des Einen”, “Platonismus und Idealismus”, “Marsilio Ficinos Theorie des Schönen” und in “Regio Beatitudinis. Zu Augustins Begriff des glücklichen Lebens”, Sitzungsberichte der Heidelberger Akademie der Wissenschaften, phil.-hist. Kl., Jahrg. 1981, Bericht 6, Heidelberg 1981 (zu Plotin bes. 17ff.).

BIBLIOGRAPHISCHE HINWEISE

1. Editionen und Übersetzungen

Die in die vorliegende Studienausgabe reprographisch aufgenommenen Texte Plotins, die Enneaden V 9 und VI 8, sind den Bänden I a (S. 102–127) bzw. IV a (S. 2–61) folgender Ausgabe entnommen: Plotins Schriften. Übersetzt von R. Harder. Neubearbeitung mit griechischem Lesetext und Anmerkungen (Schriften in chronologischer Reihenfolge), Bd. I, Hamburg 1956; Bd. II (1962); Bd. III (1964); Bd. IV (1967); Bd. V (1960). Ab Bd. II ist die Ausgabe fortgeführt von R. Beutler und W. Theiler. Jedem Band (a) ist ein eigener Anmerkungsband (b) angefügt. Die Ausgabe ist in einem Anhang durch Porphyrios' Vita Plotini, "Über Plotins Leben und über die Ordnung seiner Schriften", übersetzt von R. Harder, Hamburg 1958, ergänzt und mit Bd. VI durch "Indices" – verbunden mit einem Überblick über Plotins Philosophie und Lehrweise – unter Mitwirkung von G. O'Daly abgeschlossen. Es sind dies die Bände 211–215 innerhalb der "Philosophischen Bibliothek" des Felix Meiner Verlages, Hamburg. – Einige Druckfehler in V 9 und VI 8 wurden verbessert (Abk.: H^2 für Bd. I; B-T für Bd. II–V).

Kritische Ausgabe des griechischen Textes: Plotini Opera t. I–III, ed. P. Henry et H.-R. Schwyzer, Paris et Bruxelles (Desclée de Brouwer), Leiden (Brill), 1951–73 (Editio maior = $H\text{-}S^1$). Plotini Opera t. I–III, ed. P. Henry et H.-R. Schwyzer, Oxford, Clarendon Press, 1964–82 (Editio minor = $H\text{-}S^2$). Der dritte Band von $H\text{–}S^2$ enthält Addenda zur gesamten Ausgabe.

Ratsam ist es auch, die griechisch-englische Ausgabe zu konsultieren, die A. H. Armstrong innerhalb der Loeb Classical Library in 7 Bänden, Cambridge (Mass.) 1966–1988 vorgelegt hat.

Das Lexicon Plotinianum ist nach den Vorarbeiten von J. H. Sleeman auf die kritische Ausgabe eingerichtet worden: ed. J. H. Sleeman and G. Pollet, Leiden 1980 (Corrigenda hierzu bei H.-R. Schwyzer, Corrigenda ad Plotini Textum, Museum Helveticum 44, 1987, 191–210, 205 ff.).

2. Sammelbände

Les Sources de Plotin, Entretiens sur l'Antiquité Classique, tom. V (Fondation Hardt), Vandœuvres-Genève 1960 (Publikation der Vorträge mit Diskussion aus einem Plotin-Gespräch im August 1957).

Le Néoplatonisme (Royaumont 9–13 Juin 1969), hg. von P. M. Schuhl und P. Hadot, Paris 1971.

Plotino e il Neoplatonismo in Oriente e in Occidente (Roma 5–9 ottobre 1970), Rom, Accademia Nazionale dei Lincei, anno CCCLXXI-1974).

The Significance of Neoplatonism, hg. von R. Baine Harris, Norfolk 1976.

Die Philosophie des Neuplatonismus, hg. von C. Zintzen, Wege der Forschung 186, Darmstadt 1977.

The Structure of Being. A Neoplatonic Approach, ed. R. Baine Harris, Albani 1982 (zu diesem und anderen in der von Baine Harris hg. Reihe "Studies in Neoplatonism" vgl. W. Beierwaltes, Archiv für Geschichte der Philosophie 67, 1985, 185–211).

Classical Mediterranean Spirituality. Egyptian, Greek, Roman, vol. 15, ed. A. H. Armstrong, New York 1986 (passim zu Plotin).

Aufstieg und Niedergang der römischen Welt. Geschichte und Kultur Roms im Spiegel der neueren Forschung. Teil II: Principat, Bd. 36: Philosophie, Wissenschaft und Technik. Erster Teilband: Philosophie (Historische Einleitung; Platonismus); zweiter Teilband: Philosophie (Platonismus [Forts.]; Aristotelismus), hg. v. W. Haase, Berlin 1987 (mit ausführlichen Bibliographien, Forschungsberichten [auch zu Plotin] und Abhandlungen zu einzelnen Problemen).

3. Kommentare, Monographien und Abhandlungen

Armstrong, A. H., The Architecture of the Intelligible Universe in the Philosophy of Plotinus, Cambridge 1940. Nachdruck Amsterdam 1967.

–, Plotinus, in: The Cambridge History of Later Greek and Early Medieval Philosophy, ed. A. H. Armstrong, Cambridge 1967, 195–263.

–, Plotinian and Christian Studies, London 1979.

–, Beauty and Discovery of Divinity in the Thought of Plotinus, n. XIX in Plotinian and Christian Studies.

–, Form, Individual and Person in Plotinus, n. XX in Plotinian and Christian Studies.

–, Two Views of Freedom. A Christian Objection in Plotinus Enneads VI 8 [39] 7,11–15?, in: Studia Patristica, vol. XVII 1, 397–406.

Atkinson, M., Plotinus: Ennead V 1. On the Three Principal Hypostases. A Commentary with Translation, Oxford 1983 (^{2}1985 reprinted with corrections).

Beierwaltes, W., Plotins Metaphysik des Lichtes, in: Die Philosophie des Neuplatonismus, hg. v. Clemens Zintzen (Wege der Forschung 186), Darmstadt 1977, 75–117.

–, Plotin. Über Ewigkeit und Zeit (Enneade III 7). Übersetzt, eingeleitet und kommentiert, Frankfurt ^{3}1981.

–, Platonismus und Idealismus, Frankfurt 1972 (zu Plotin: 17ff.; 83–153 zu dessen Rezeption im Deutschen Idealismus).

–, Identität und Differenz, Frankfurt 1980 (zu Plotin vor allem das Kapitel “Identität in der Differenz”, S. 24ff.).

–, Marsilio Ficinos Theorie des Schönen im Kontext des Platonismus, Sitzungsberichte der Heidelberger Akademie der Wissenschaften, phil.-hist.-Kl., Jg. 1980, 11. Abh., Heidelberg 1980 (Plotin 18ff.).

–, Denken des Einen. Studien zur neuplatonischen Philosophie und ihrer Wirkungsgeschichte, Frankfurt 1985 (zu Plotin vor allem S. 14–192).

–, Artikel ‘Hen’, in: Reallexikon für Antike und Christentum, Bd. 14, Stuttgart 1987, 445–472.

–, Plotins Erbe, in: Museum Helveticum 45, 1988, 75–97.

Blumenthal, H. J., Plotinus’ Psychology, The Hague 1971.

–, Did Plotinus believe in Ideas of Individuals?, in: Phronesis 11, 1966, 61–80.

–, Soul, World-Soul and Individual Soul in Plotinus, in: Le Néoplatonisme 55–63 (vgl. Sammelbände).

Bréhier, É., La philosophie de Plotin, Paris ^{2}1961.

–, Notice zu V 9 und VI 8 in: Plotin, Ennéades V, Paris 1931, 153–160. VI,2, Paris 1938, 119–132.

Cilento, V., Paideia Antignostica, Ricostruzione d’un unico scritto da Enneadi III 8, V 8, V 5, II 9. Introduzione e Commento, Firenze 1971.

–, Libertà divina e "Discorso Temerario", in: Saggi su Plotino, Milano 1973.

Dörrie, H., 'Υπόστασις, Wort- und Bedeutungsgeschichte, Nachr. d. Akad. d. Wissenschaften zu Göttingen 1955, 35–93; jetzt in: Platonica Minora, München 1976, 13–69.

–, Emanation. Ein unphilosophisches Wort im spätantiken Denken, ebd., 70–88.

Dodds, E. R., Tradition and Personal Achievement in the Philosophy of Plotinus, Journ. Rom. Stud. 1960, 1–7.

Dillon, J., The Middle Platonists, London 1977.

Gollwitzer, Th., Plotins Lehre von der Willensfreiheit. Programm des Königlichen Humanistischen Gymnasiums zu Kempten für das Schuljahr 1899/1900, Kempten 1900 (Erster Teil); Programm des K. Humanistischen Gymnasiums Kaiserslautern für das Schuljahr 1901/1902, Kaiserslautern 1902 (Zweiter Teil).

Graeser, A., Plotinus and the Stoics. A preliminary study, Leiden 1972.

Hadot, P., Être, vie, pensée chez Plotin et avant Plotin. Sources de Plotin 107–141 (vgl. Sammelbände).

–, Plotin ou la simplicité du regard, Paris 1973.

–, Plotin. Traité 38. VI,7. Introduction, traduction, commentaire et notes, Paris 1988.

Hager, F.-P., Der Geist und das Eine. Untersuchung zum Problem der Wesensbestimmung des höchsten Prinzips als Geist oder als Eines in der griechischen Philosophie, Bern/Stuttgart 1970 (zu Plotin 237 ff.).

Harder, R., Kleine Schriften, München 1960, 247–329 (auch zum Leben Plotins).

Henry, P., Le problème de la liberté chez Plotin, Révue Néoscolastique 33, 1931, 50–79 (I); 180–215 (II); 318–339 (III).

–, The Place of Plotinus in the History of Thought. Introduction zu: Plotinus, The Enneads translated by Stephen MacKenna, London ²1962, XXXV–LXX.

Krämer, H. J., Der Ursprung der Geistmetaphysik, Amsterdam ²1967.

Kremer, K., Die neuplatonische Seinsphilosophie und ihre Wirkung auf Thomas von Aquin, Leiden ²1971 (zur "Seinsphilosophie" Plotins: 1–197).

–, Bonum est diffusivum sui. Ein Beitrag zum Verhältnis von Neuplatonismus und Christentum, in: Aufstieg und Niedergang der römischen Welt, Teil II, Bd. 36.2, 994–1032 (vgl. Sammelbände).

Kristeller, P. O., Der Begriff der Seele in der Ethik Plotins, Tübingen 1929.

Lloyd, A. C., The Anatomy of Neoplatonism, Oxford 1990.

Moreau, J., Plotin ou la gloire de la philosophie antique, Paris 1979.

Mortley, R., From Word to Silence I: The rise and fall of logos (zu Plotin: 131ff.). II: The way of negation: Christian and Greek (45–62 über Plotins Begriff der 'aphairesis'), Bonn 1986.

–, Désir et Différence dans la Tradition Platonicienne, Paris 1988.

Müller, H. F., Plotinus über Notwendigkeit und Freiheit, in: Neue Jahrbücher für das Klassische Altertum, 17, 1914, 462–488.

O'Brien, D., Plotinus on Evil. A Study of Matter and the Soul in Plotinus' Conception of Human Evil, in: Le Néoplatonisme 113–146 (vgl. Sammelbände).

–, Plotinus and the Gnostics on the Generation of Matter, in: Neoplatonism and Early Christian Thought. Essays in Honour of A. H. Armstrong, edd. H. J. Blumenthal and R. A. Markus, London 1981, 108–123.

O'Daly, G. J. P., Plotinus' Philosophy of the Self, Shannon 1973.

O'Meara, D. J., Structures hiérarchiques dans la pensée de Plotin, Leiden 1975.

Pépin, J. (Hg.), vgl. Plotin VI 6.

–, Plotin: Traité sur les Nombres (Ennéade VI 6 [34]). Introduction, Texte Grec, Traduction, Commentaire et Index Grec par J. Bertier, L. Brisson, A. Charles, J. Pépin, H.-D. Saffrey, A.-Ph. Segonds, Paris 1980. (Vgl. hierzu meine Bemerkungen in Arch. f. Gesch. d. Philosophie 67, 1985, 200f.).

Reale, G., Storia della Filosofia Antica, vol. IV, Milano [5]1987, 495–616.

Rist, J. M., Plotinus. The Road to Reality, London 1967.

Salmona, B., La Libertà in Plotino, Milano 1967.

Schroeder, F. M., The Platonic Parmenides and Imitation in Plotinus, in: Dionysius 2, 1978, 51–73.

–, Representation and Reflection in Plotinus, in: Dionysius 4, 1980, 37–59.

–, Synousia, Synaisthaesis and Synesis: Presence and Dependence in the Plotinian Philosophy of Consciousness, in: Aufstieg und Niedergang der römischen Welt, Teil II, Bd. 36.1, 667–699 (vgl. Sammelbände).

–, Conversion and Consciousness in Plotinus, 'Enneads' 5,1 [10],7, in: Hermes 114, 1986, 186–196.

Schubert, V., Plotin. Einführung in sein Philosophieren, Freiburg/München 1973.

Schwyzer, H.-R., Die zwiefache Sicht in der Philosophie Plotins, Museum Helveticum 1, 1944, 87–99.

–, Plotinos, Sonderausgabe des RE-Artikels (Bd. XXI, 1 [¹1951], München ²1978, mit den Ergänzungen aus dem Supplementband XV).

–, "Bewußt" und "Unbewußt" bei Plotin, in: Sources de Plotin 343–378 (vgl. Sammelbände).

Szlezák, Th. A., Platon und Aristoteles in der Nus-Lehre Plotins, Basel 1979.

Trouillard, J., La purification plotinienne, Paris 1955.

–, La procession plotinienne, Paris 1955.

–, Plotin et le moi, Rev. des Facultés Catholiques de l'Ouest 1963, 71–82.

Vogel, C. J. de, Rethinking Plato and Platonism, Leiden 1986. Vgl. hierzu meine Rezension in: Gnomon 61, 1989, 23–27.

Volkmann-Schluck, K.-H., Plotin als Interpret der Ontologie Platos, Frankfurt ²1957.

Wallis, R. T., Neoplatonism, London 1972.

TEXT UND ÜBERSETZUNG

V 9 Περὶ νοῦ καὶ τῶν ἰδεῶν καὶ τοῦ ὄντος

Πάντες ἄνθρωποι ἐξ ἀρχῆς γενόμενοι αἰσθήσει πρὸ νοῦ χρησάμενοι καὶ τοῖς αἰσθητοῖς προσβαλόντες πρώτοις ἐξ ἀνάγκης οἱ μὲν ἐνταυθοῖ καταμείναντες διέζησαν ταῦτα πρῶτα καὶ ἔσχατα νομίσαντες, καὶ τὸ ἐν αὐτοῖς λυπηρόν | τε καὶ ἡδὺ τὸ μὲν κακὸν τὸ δὲ ἀγαθὸν ὑπολαβόντες ἀρκεῖν ἐνόμισαν εἰ τὸ μὲν διώκοντες τὸ δ' ἀποικονομούμενοι διεγένοντο· καὶ σοφίαν ταύτην οἵ γε λόγου μεταποιούμενοι αὐτῶν ἔθεντο, οἷα οἱ βαρεῖς τῶν ὀρνίθων οἳ πολλὰ ἐκ γῆς λαβόντες καὶ βαρυνθέντες ὑψοῦ πτῆναι ἀδυνατοῦσι καίπερ | πτερὰ παρὰ τῆς φύσεως λαβόντες.
2 οἱ δὲ ἤρθησαν μὲν ὀλίγον ἐκ τῶν κάτω, κινοῦντος αὐτοὺς
πρὸς τὸ κάλλιον ἀπὸ τοῦ ἡδέος τοῦ τῆς ψυχῆς κρείτ-
τονος· ἀδυνατήσαντες δὲ ἰδεῖν τὸ ἄνω, ὡς οὐκ ἔχοντες
ἄλλο ὅπου στήσονται, κατηνέχθησαν σὺν τῷ τῆς ἀρετῆς
ὀνόματι ἐπὶ πράξεις | καὶ ἐκλογὰς τῶν κάτω, ἀφ' ὧν
3 ἐπεχείρησαν τὸ πρῶτον αἴρεσθαι. τρίτον δὲ γένος θείων
ἀνθρώπων δυνάμει τε κρείττονι καὶ ὀξύτητι ὀμμάτων
εἶδέ τε ὥσπερ ὑπὸ ὀξυδορκίας τὴν ἄνω αἴγλην καὶ ἤρθη
τε ἐκεῖ οἷον ὑπὲρ νεφῶν καὶ τῆς ἐνταῦθα ἀχλύος καὶ
ἔμεινεν ἐκεῖ τὰ τῇδε ὑπεριδὸν | πάντα, ἡσθὲν τῷ τόπῳ
ἀληθινῷ καὶ οἰκείῳ ὄντι, ὥσπερ ἐκ πολλῆς τινος πλάνης
εἰς πατρίδα εὔνομον ἀφικόμενος ἄνθρωπος.
4 Τίς οὖν οὗτος ὁ τόπος καὶ πῶς ἄν τις εἰς αὐτὸν ἀφίκοιτο; 2
ἀφίκοιτο μὲν ἂν ὁ φύσει ἐρωτικὸς καὶ ὄντως τὴν διάθεσιν
ἐξ ἀρχῆς φιλόσοφος· ὠδίνων μέν, ἅτε ἐρωτικός, περὶ τὸ

5 Geist, Ideen und Seiendes

Alle Menschen gebrauchen gleich von Geburt an die Sinne,
vor dem Geist, und treffen notwendigerweise zuerst auf das
sinnlich Wahrnehmbare. Manche nun bleiben ihr ganzes Leben hindurch hier stehen, sie halten das Sinnliche für das
Erste und Letzte, das Angenehme und das Schmerzerregende
welches im Sinnlichen ist bedeutet ihnen das Gute und das
Schlechte, und so halten sies für genug ihr Leben zu verbrin-
gen indem sie jenem nachjagen und dies von sich fernhalten;
die von ihnen auf Rechtfertigung Wert legen, nennen das
sogar Weisheit. Sie gleichen schweren Vögeln, die zuviel von
der Erde aufgenommen haben das sie beschwert, und nun
nicht hoch fliegen können, obgleich die Natur ihnen Flügel
gab. Andere gibt es, die erheben sich ein kleines Stück über 2
die niedere Welt, indem der bessere Teil ihrer Seele sie vom
Angenehmen zum Schöneren hintreibt; aber da sie nicht im
Stande sind das Obere zu erblicken, so sinken sie, weil sie
keinen andern Grund haben auf dem sie stehen können, mit-
samt dem Worte Tugend, das sie im Munde führen, hinab zum
praktischen Handeln, das heißt zum Auswählen unter eben
jenen irdischen Dingen, über die sich hinaufzuheben sie zunächst unternommen hatten. Eine dritte Klasse endlich sind 3
gottbegnadete Menschen, die von stärkerer Kraft sind und
ein schärferes Auge haben, daher sehen sie sozusagen wie
Fernsichtige den Glanz dort oben und heben sich dort hinauf
gleichsam über die Wolken und den Dunst der irdischen
Welt hinweg, und verbleiben dort in der Höhe, achten das
Irdische alles gering und erquicken sich an jenem Orte welcher der wahre und ihnen angestammte ist, so wie ein Mensch,
der nach langer Irrfahrt in seine von guten Gesetzen regierte
Heimat zurückkehrt.

Was ist das nun für ein Ort, und wie kann man dorthin ge- 4 *2*
langen? Dahingelangen mag der seiner Anlage nach vom
Eros Bewegte, der in seiner Haltung ursprünglich und im

καλόν, οὐκ ἀνασχόμενος δὲ τοῦ ἐν σώματι | κάλλους,
ἀλλ᾽ ἔνθεν ἀναφυγὼν ἐπὶ τὰ τῆς ψυχῆς κάλλη, ἀρετὰς καὶ
ἐπιστήμας καὶ ἐπιτηδεύματα καὶ νόμους, πάλιν αὖ
ἐπαναβαίνει ἐπὶ τὴν τῶν ἐν ψυχῇ καλῶν αἰτίαν καὶ εἴ τι
πάλιν αὖ πρὸ τούτου, ἕως ἐπ᾽ ἔσχατον ἥκῃ τὸ πρῶτον ὃ
παρ᾽ αὑτοῦ καλόν, ἔνθα καὶ | ἐλθὼν ὠδῖνος παύσεται,
5 πρότερον δὲ οὔ. ἀλλὰ πῶς ἀναβήσεται, καὶ πόθεν ἡ δύναμις αὐτῷ, καὶ τίς λόγος τοῦτον τὸν ἔρωτα παιδαγω-
γήσεται; ἢ ὅδε· τοῦτο τὸ κάλλος τὸ ἐπὶ τοῖς σώμασιν
ἐπακτόν ἐστι τοῖς σώμασι· μορφαὶ γὰρ αὗται σωμάτων
ὡς ἐπὶ ὕλῃ αὐτοῖς· μεταβάλλει γοῦν τὸ ὑποκεί|μενον καὶ
ἐκ καλοῦ αἰσχρὸν γίνεται· μεθέξει ἄρα, φησὶν ὁ λόγος.
6 τί οὖν τὸ ποιῆσαν σῶμα καλόν; ἄλλως μὲν κάλλους
παρουσία, ἄλλως δὲ ψυχή, ἣ ἔπλασέ τε καὶ μορφὴν τοιάνδε
ἐνῆκε. τί οὖν; ψυχὴ παρ᾽ αὑτῆς καλόν; ἢ οὔ· οὐ γὰρ ἡ
μὲν ἦν φρόνιμός τε καὶ καλή, ἡ δὲ ἄφρων | τε καὶ αἰσχρά.
φρονήσει ἄρα τὸ καλὸν περὶ ψυχήν. καὶ τίς οὖν ὁ φρόνησιν
δοὺς ψυχῇ; ἢ νοῦς ἐξ ἀνάγκης. νοῦς δὲ οὐ ποτὲ μὲν νοῦς
7 ποτὲ δὲ ἄνους, ὅ γε ἀληθινός· παρ᾽ αὑτοῦ ἄρα καλός. καὶ
πότερον δὴ ἐνταῦθα δεῖ στῆναι ὡς πρῶτον, ἢ καὶ νοῦ
ἐπέκεινα δεῖ ἰέναι, νοῦς δὲ προέ|στηκε μὲν ἀρχῆς τῆς
πρώτης ὡς πρὸς ἡμᾶς ὥσπερ ἐν προθύροις τἀγαθοῦ
ἀπαγγέλλων ἐν αὑτῷ τὰ πάντα ὥσπερ ἐκείνου τύπος,
μᾶλλον ἐν πλήθει ἐκείνου πάντῃ μένοντος ἐν ἑνί;

8 Ἐπισκεπτέον δὲ ταύτην τὴν νοῦ φύσιν, ἣν ἐπαγγέλλεται 3
ὁ λόγος εἶναι τὸ ὂν ὄντως καὶ τὴν ἀληθῆ οὐσίαν, πρότερον

wahren Sinne des Wortes ein Philosoph ist; er ist dem Schönen gegenüber, als Erotiker, von Zeugungsdrang erfüllt, gibt sich aber nicht zufrieden mit der leiblichen Schönheit, sondern flieht von ihr hinauf zu den Schönheiten der Seele, Tugenden Wissenschaften Tätigkeiten Recht Sitte, und von dort steigt er ein zweites Mal hinauf, zu der Ursache des Schönen in der Seele, und dann weiter zu dem was etwa noch darüber liegt, bis er am Ende zum Ersten gelangt, welches aus sich selbst schön ist; ist er dort angelangt, wird er des Zeugungsdranges ledig, vorher nicht.

Aber wie soll er diesen Aufstieg bewerkstelligen, woher 5
kommt ihm die Kraft dazu, und welche Überlegung soll diesen Eros unterweisen und leiten? Nun, die folgende. Die Schönheit hier an den Leibern ist nur von außen an die Leiber herangebracht; denn sie ist die Form der Leiber, die an ihnen sitzt wie an einer Materie; denn die Unterlage verändert sich ja und wird aus schön häßlich; also, folgert diese
Überlegung, ist sie nur durch Teilhabe schön. Und was ist 6
das nun, was einen Körper schön macht? Es ist in einem Sinne die Anwesenheit von Schönheit, oder, in anderer Hinsicht, die Seele, sie hat ihn gestaltet und diese bestimmte Form in ihn gesandt. Aber die Seele, ist sie denn aus sich selbst schön? Das nicht; dann könnte nicht eine Seele einsichtig und damit schön, die andere unvernünftig und häßlich sein. Mithin beruht das Schöne in der Seele auf Einsicht. Und wer ist es, der der Seele Einsicht verleiht? Nun, notwendigerweise der Geist. Vom Geist aber gilt, daß er nicht bald Geist, bald Nichtgeist ist, wenigstens vom wahrhafti-
gen; folglich ist der Geist aus sich selbst schön. Muß man nun 7
bei ihm als dem Ersten haltmachen, oder ist es vielmehr so daß man noch über den Geist hinaus emporschreiten muß, und daß der Geist allerdings von uns aus gesehen das Erste Prinzip überdeckt, gleichsam in der Vorhalle des Guten postiert uns in sich Botschaft bietet über alles was in jenem ist, wie als ein Abdruck von Jenem, der in größerer Vielheit ist, während jenes gänzlich im Einssein verharrt?

So gilt es denn dies Wesen Geist zu prüfen, von welchem 8 *3*
unsere Überlegung verspricht daß es das eigentlich Seiende,

βεβαιωσαμένους κατ' ἄλλην ὁδὸν ἰόντας ὅτι δεῖ εἶναί τινα
τοιαύτην. ἴσως μὲν οὖν γελοῖον ζητεῖν, εἰ | νοῦς ἔστιν ἐν
τοῖς οὖσι· τάχα δ' ἄν τινες καὶ περὶ τούτου διαμφισβητοῖεν.
μᾶλλον δέ, εἰ τοιοῦτος οἷόν φαμεν, καὶ εἰ χωριστός τις
καὶ εἰ οὗτος τὰ ὄντα καὶ ἡ τῶν εἰδῶν φύσις ἐνταῦθα·
περὶ οὗ καὶ τὰ νῦν εἰπεῖν πρόκειται.
9 Ὁρῶμεν δὴ τὰ λεγόμενα εἶναι πάντα σύνθετα καὶ
ἁπλοῦν | αὐτῶν οὐδὲ ἕν, ἅ τε τέχνη ἐργάζεται ἕκαστα ἅ τε
συνέστηκε φύσει. τά τε γὰρ τεχνητὰ ἔχει χαλκὸν ἢ ξύλον
ἢ λίθον καὶ παρὰ τούτων οὔπω τετέλεσται πρὶν ἂν ἡ
τέχνη ἑκάστη ἡ μὲν ἀνδριάντα, ἡ δὲ κλίνην, ἡ δὲ οἰκίαν
10 ἐργάσηται εἴδους τοῦ παρ' αὐτῇ ἐνθέσει. καὶ μὴν καὶ τὰ
φύσει | συνεστῶτα τὰ μὲν πολυσύνθετα αὐτῶν καὶ συγκρί-
ματα καλούμενα ἀναλύσεις εἰς <τὰ συγκριθέντα καὶ εἰς>
τὸ ἐπὶ πᾶσι τοῖς συγκριθεῖσιν εἶδος, οἷον ἄνθρωπον εἰς
ψυχὴν καὶ σῶμα. καὶ τὸ σῶμα εἰς τὰ τέσσαρα· ἕκαστον
δὲ τούτων σύνθετον εὑρὼν ἐξ ὕλης καὶ τοῦ μορφοῦντος
(ὕλη γὰρ | παρ' αὑτῆς ἡ τῶν στοιχείων ἄμορφος) ζητήσεις
11 τὸ εἶδος ὅθεν τῇ ὕλῃ· ζητήσεις δ' αὖ καὶ τὴν ψυχὴν πότερα
τῶν ἁπλῶν ἤδη, ἢ ἔνι τι ἐν αὐτῇ τὸ μὲν ὡς ὕλη τὸ δὲ
εἶδος, ὁ νοῦς ὁ ἐν αὐτῇ, ὁ μὲν ὡς ἡ ἐπὶ τῷ χαλκῷ μορφή,
12 ὁ δὲ οἷος ὁ τὴν μορφὴν ἐν τῷ χαλκῷ ποιήσας. τὰ αὐτὰ δὲ |
ταῦτα καὶ ἐπὶ <τὴν> τοῦ παντὸς μεταφέρων τις ἀναβήσεται
καὶ ἐνταῦθα ἐπὶ νοῦν ποιητὴν ὄντως καὶ δημιουργὸν τιθέ-
μενος· καὶ φήσει τὸ ὑποκείμενον δεξάμενον μορφὰς τὸ
μὲν πῦρ, τὸ δὲ ὕδωρ, τὸ δὲ ἀέρα καὶ γῆν γενέσθαι, τὰς
δὲ μορφὰς ταύτας παρ' ἄλλου ἥκειν, τοῦτο δὲ εἶναι

16 suppl. Bréhier et Heintz *25* add. Heintz

die wahre Seinsheit sei; nur ist zuvor noch auf einem andern Wege zu sichern, daß es ein Wesen von dieser Art geben muß. Es mag ja lächerlich sein auch nur die Frage zu stellen, ob es in der Welt einen Geist gibt; aber es gibt wohl Leute die selbst das bestreiten. Weit umstrittener aber ist es, ob der Geist von der Art ist wie wir es lehren, ob er eine vom Sinnlichen abgetrennte Existenz hat, ob er das Seiende ist und ob in ihm die Wesenheit der Ideen ihren Sitz hat; Fragen also, die zu behandeln uns eben jetzt obliegt.

Alles von dem man sagt es sei, treffen wir an als zusam- 9
mengesetzt, keines als einfach, weder die einzelnen Gegenstände welche die Künste hervorbringen noch das was von
Natur geworden ist. Die künstlichen Erzeugnisse enthalten
Erz oder Holz oder Stein, aber damit sind sie noch nicht fertig, erst muß die Kunst, je nachdem, eine Statue, ein Bett,
ein Haus daraus machen, indem sie dem Stoff die Form, über
welche sie verfügt, einsetzt. Ebenso wird man die von Natur 10
gewordenen Dinge, soweit sie vielfach zusammengesetzt, also
sogenannte 'Verbindungen' sind, zerlegen *in die einzelnen
Glieder der Verbindung und* in die Gestalt die auf all diesen
einzelnen Gliedern ist, zum Beispiel den Menschen in Seele
und Leib. Und dann den Leib in die vier Elemente; wenn man
dann findet daß jedes einzelne Element aus Materie und einem sie Formenden zusammengesetzt ist – denn von sich aus
ist die Materie der Elemente ungeformt –, so wird man untersuchen woher diese Gestalt in die Materie kommt. Und bei 11
der Seele wird man wiederum fragen, ob sie bereits zu den
einfachen Wesenheiten gehört, oder ob es auch in ihr etwas
wie Materie und dann die Form gibt, nämlich den Geist in
ihr, welcher einerseits dieselbe Rolle spielt wie die Form die
am Erz der Statue sitzt, anderseits wie der Künstler welcher
die Form dem Erz eingegeben hat. Das gleiche wird man dann 12
auch auf die Weltseele übertragen, auch hier wird man aufsteigen zum Geist und ihn als wahren Schöpfer und Werk-
meister ansetzen; man wird behaupten müssen, daß die Unterlage erst durch Aufnahme von Formen zu Feuer Wasser
Luft oder Erde geworden ist, daß aber diese Formen von
einem andern herkommen, und das sei die Seele; die Seele hat

ψυχήν· ψυχὴν δ' | αὖ καὶ ἐπὶ τοῖς τέτρασι τὴν κόσμου
13 μορφὴν δοῦναι· ταύτῃ δὲ νοῦν χορηγὸν τῶν λόγων
γεγονέναι, ὥσπερ καὶ ταῖς τῶν τεχνιτῶν ψυχαῖς παρὰ
τῶν τεχνῶν τοὺς εἰς τὸ ἐνεργεῖν λόγους· νοῦν δὲ τὸν μὲν
ὡς εἶδος τῆς ψυχῆς τὸν κατὰ τὴν μορφήν, τὸν δὲ τὸν τὴν
μορφὴν παρέχοντα, ὡς τὸν ποιητὴν τοῦ | ἀνδριάντος, ᾧ
πάντα ἐνυπάρχει ἃ δίδωσιν· ἐγγὺς μὲν ἀληθείας ἃ δίδωσι
ψυχή, ἃ δὲ τὸ σῶμα δέχεται, εἴδωλα ἤδη καὶ μιμήματα.

14 Διὰ τί οὖν δεῖ ἐπὶ ψυχῇ ἀνιέναι, ἀλλ' οὐκ αὐτὴν εἶναι *4*
τίθεσθαι τὸ πρῶτον; ἢ πρῶτον μὲν νοῦς ψυχῆς ἕτερον καὶ
κρεῖττον· τὸ δὲ κρεῖττον φύσει πρῶτον. οὐ γὰρ δή, ὡς
οἴονται, ψυχὴ νοῦν τελειωθεῖσα γεννᾷ· πόθεν | γὰρ τὸ
δυνάμει ἐνεργείᾳ ἔσται μὴ τοῦ εἰς ἐνέργειαν ἄγοντος
αἰτίου ὄντος; εἰ γὰρ κατὰ τύχην, ἐνδέχεται μὴ ἐλθεῖν εἰς
15 ἐνέργειαν. διὸ δεῖ τὰ πρῶτα ἐνεργείᾳ τίθεσθαι καὶ
ἀπροσδεᾶ καὶ τέλεια, τὰ δὲ ἀτελῆ ὕστερα ἀπ' ἐκείνων,
τελειούμενα δὲ παρ' αὐτῶν τῶν γεγεννηκότων, δίκην
πατέ|ρων τελειούντων ἃ κατ' ἀρχὰς ἀτελῆ ἐγέννησαν. καὶ
εἶναι μὲν ὕλην πρὸς τὸ ποιῆσαν τὸ πρῶτον, εἶτ' αὐτὴν
ἔμμορφον ἀποτελεῖσθαι.

16 Εἰ δὲ δὴ καὶ ἐμπαθὴς ψυχή, δεῖ δέ τι ἀπαθὲς εἶναι (ἢ
πάντα τῷ χρόνῳ ἀπολεῖται), δεῖ τι πρὸ ψυχῆς εἶναι. καὶ
εἰ ἐν κόσμῳ ψυχή, ἐκτὸς δὲ | δεῖ τι κόσμου εἶναι, καὶ
ταύτῃ πρὸ ψυχῆς δεῖ τι εἶναι· εἰ γὰρ τὸ ἐν κόσμῳ τὸ ἐν

4, 12 ἐμπαδέρ: corr. Kirchhoff

dann weiterhin den vier Elementen erst die Form des Kosmos geschenkt. Und sie wieder ist vom Geist mit den ratio- 13
nalen Formen ausgestattet worden, so wie erst aus der Kunst
in die Seele des Künstlers die Formen für sein Schaffen kommen; der Geist aber ist von der einen Seite selbst die Idee der
Seele, soweit er ihre Form ist; anderseits aber verleiht er wie
der Schöpfer einer Statue der Seele die Form, so daß in ihm
selbst alles vorhanden ist was er mitteilt. So steht, was die
Seele schenkt, der wahren Wirklichkeit nahe, was aber der
Körper dann aufzunehmen vermag, das sind nur mehr Schat-
ten und Nachbilder.

Warum muß man aber noch über die Seele emporsteigen 14 *4*
und kann sie nicht selbst als das Erste ansehen? Erstlich ist
der Geist verschieden von der Seele, und zwar etwas Höheres; das Höhere aber ist von Natur das Erste. Denn keineswegs bringt die Seele, wie man glaubt, wenn sie zur Reife gelangt ist, den Geist hervor. Denn wie kann das Potentiale zur
Aktualität gelangen, wenn nicht eine Ursache da ist die es in
die Aktualität überführt? Ist das bloßer Zufall, so besteht
auch die Möglichkeit daß es nicht zur Aktualität gelangt.
Deshalb muß man das Erste als in Aktualität befindlich an- 15
setzen und als autark und vollendet, das Unvollendete dagegen als später von ihm kommend, welches aber vollendet
wird von eben den Wesenheiten die es hervorgebracht haben,
die wie ein Vater der Vollendung zuführen was sie zunächst
unvollendet hervorbrachten. So muß man die Seele im
Verhältnis zu ihrem Hervorbringer, dem Ersten, zunächst
als Materie ansehen, die erst dann Form annimmt und
fertig wird.

Da ferner die Seele ja unter Einwirkungen zu leiden hat, es 16
aber etwas keinen Einwirkungen Unterliegendes geben muß –
denn sonst müßte mit der Zeit alles zu Grunde gehen –, so
muß es etwas vor und über der Seele geben. – Da ferner die
Seele in der Welt lebt, es aber auch etwas außerhalb der Welt
geben muß, so ergibt sich auch auf diesem Wege daß es etwas
vor der Seele geben muß; denn da in der Welt sein im Leibe
und in der Materie sein heißt, so könnte dann nichts dasein
was mit sich identisch bleibt; dann könnte also die Idee

σώματι καὶ ὕλῃ, οὐδὲν ταὐτὸν μενεῖ· ὥστε ἄνθρωπος καὶ πάντες λόγοι οὐκ ἀίδιοι οὐδὲ οἱ αὐτοί.

17 Καὶ ὅτι μὲν νοῦν πρὸ ψυχῆς εἶναι δεῖ, ἐκ τούτων καὶ ἐξ ἄλλων πολλῶν ἄν τις θεωρήσειε.

Δεῖ δὲ νοῦν λαμβάνειν, εἴπερ ἐπαληθεύσομεν τῷ ὀνό-
ματι, μὴ τὸν δυνάμει μηδὲ τὸν ἐξ ἀφροσύνης εἰς νοῦν
ἐλθόντα (εἰ δὲ μή, ἄλλον πάλιν αὖ πρὸ αὐτοῦ ζητήσομεν),
18 ἀλλὰ τὸν ἐνεργείᾳ καὶ ἀεὶ νοῦν ὄντα. εἰ δὲ μὴ ἐπακτὸν
τὸ | φρονεῖν ἔχει, εἴ τι νοεῖ, παρ' αὐτοῦ νοεῖ, καὶ εἴ τι
ἔχει, παρ' αὐτοῦ ἔχει. εἰ δὲ παρ' αὐτοῦ καὶ ἐξ αὐτοῦ νοεῖ,
αὐτός ἐστιν ἃ νοεῖ. εἰ γὰρ ἡ μὲν οὐσία αὐτοῦ ἄλλη, ἃ δὲ
νοεῖ ἕτερα αὐτοῦ, αὐτὴ ἡ οὐσία αὐτοῦ ἀνόητος ἔσται· καὶ
δυνάμει, οὐκ ἐνεργείᾳ αὖ. οὐ χωριστέον οὖν οὐδέτερον |
ἀπὸ θατέρου, ἔθος δὲ ἡμῖν ἀπὸ τῶν παρ' ἡμῖν κἀκεῖνα
ταῖς ἐπινοίαις χωρίζειν.

19 Τί οὖν ἐνεργεῖ καὶ τί νοεῖ, ἵνα ἐκεῖνα αὐτὸν ἃ νοεῖ
θώμεθα; ἢ δῆλον ὅτι νοῦς ὢν ὄντως νοεῖ τὰ ὄντα καὶ
ὑφίστησιν. ἔστιν ἄρα τὰ ὄντα. ἢ γὰρ ἑτέρωθι ὄντα αὐτὰ
νοήσει ἢ ἐν αὐτῷ ὡς αὐτὸν | ὄντα. ἑτέρωθι μὲν οὖν
20 ἀδύνατον· ποῦ γάρ; αὐτὸν ἄρα καὶ ἐν αὐτῷ. οὐ γὰρ δὴ
ἐν τοῖς αἰσθητοῖς, ὥσπερ οἴονται. τὸ γὰρ πρῶτον ἕκαστον
οὐ τὸ αἰσθητόν· τὸ γὰρ ἐν αὐτοῖς εἶδος ἐπὶ ὕλῃ εἴδωλον
ὄντος, πᾶν τε εἶδος ἐν ἄλλῳ παρ' ἄλλου εἰς ἐκεῖνο ἔρχεται
21 καὶ ἔστιν εἰκὼν ἐκείνου. εἰ δὲ | καὶ ποιητὴν δεῖ εἶναι
τοῦδε τοῦ παντός, οὐ τὰ ἐν τῷ μήπω ὄντι οὗτος νοήσει
ἵνα αὐτὸ ποιῇ· πρὸ τοῦ κόσμου ἄρα δεῖ εἶναι ἐκεῖνα, οὐ

4, 16 μένει: correxit Dodds

Mensch und überhaupt die begrifflichen Formen nicht ewig
sein und dieselben bleiben.

Daß es einen Geist geben muß, der vor und über der Seele 17
ist, kann man aus den angeführten und aus noch vielen anderen Beweisen folgern.

Wenn wir mit der Bezeichnung 'Geist' Ernst machen wol- *5*
len, so dürfen wir ihn nun nicht auffassen als das potential
Geistige, welches aus der Unvernunft erst geistig wird (wir
müßten ja sonst nach einem zweiten Geist über diesem suchen), sondern als den der aktual und ewig Geist ist. Ist ihm 18
aber die Vernunft keine nachträgliche Zutat, so stammt das
was er denkt, aus ihm selbst, und was er hat, hat er aus sich
selbst. Denkt er aber aus sich und von sich selbst, so ist er
selbst das was er denkt. Denn wenn sein Sein etwas für sich
wäre, und das was er denkt von ihm verschieden, dann müßte
seine Wesenheit als solche Nichtgeist sein; und dann wäre er
wieder nur potential und nicht aktual der Geist. Man darf
mithin das eine nicht vom andern sondern, wir haben uns das
nur vom Irdischen her angewöhnt, auch das Obere uns gesondert vorzustellen.

Was ist nun seine Wirksamkeit *(Aktualität)* und was denkt 19
er, damit wir ihn als das ansetzen können, was er denkt? Nun
es ist klar, da er seinshaft Geist ist, denkt er das wesenhaft
Seiende und bringt es zum Dasein. Er ist also das Seiende.
Denn er muß es entweder als anderswo Seiendes denken oder
als in ihm, und dann ist er es selbst. Anderswo nun ist unmöglich, denn welcher Ort sollte das sein? Folglich denkt er
es als sich selbst und in ihm selbst Seiendes. Denn als im 20
Sinnlichen Befindliches, wie man wohl meint, kann er es ja
nicht denken. Denn das Ursprüngliche jeden Dinges ist nicht
das sinnlich Wahrnehmbare; denn die Form die in den Sin-
nendingen über die Materie gelagert ist, ist nur ein Nachbild
des eigentlich Seienden, jede Form die sich an einem Dinge
befindet, ist aus einem andern in es eingetreten, und ist ein
Abbild jenes andern. – Wenn es ferner einen Schöpfer dieser 21
unserer Welt geben muß, so kann das was dieser denkt um sie
zu schaffen nicht in dem dann noch gar nicht Seienden sich
befinden; die Gegenstände seines Denkens müssen also vor

τύπους ἀφ᾽ ἑτέρων, ἀλλὰ καὶ ἀρχέτυπα καὶ πρῶτα καὶ
νοῦ οὐσίαν. εἰ δὲ λόγους φήσουσιν ἀρκεῖν, ἀιδίους δῆλον·
εἰ δὲ ἀιδίους καὶ ἀπαθεῖς, ἐν νῷ δεῖ εἶναι | καὶ τοιούτῳ
καὶ προτέρῳ ἕξεως καὶ φύσεως καὶ ψυχῆς· δυνάμει γὰρ
ταῦτα.
22 Ὁ νοῦς ἄρα τὰ ὄντα ὄντως, οὐχ οἷά ἐστιν ἄλλοθι νοῶν,
οὐ γάρ ἐστιν οὔτε πρὸ αὐτοῦ οὔτε μετ᾽ αὐτόν, ἀλλὰ οἷον
νομοθέτης πρῶτος, μᾶλλον δὲ νόμος αὐτὸς τοῦ εἶναι.
ὀρθῶς ἄρα 'τὸ γὰρ αὐτὸ νοεῖν ἐστί τε | καὶ εἶναι', καὶ 'ἡ
τῶν ἄνευ ὕλης ἐπιστήμη ταὐτὸν τῷ πράγματι', καὶ τὸ
'ἐμαυτὸν ἐδιζησάμην' ὡς ἓν τῶν ὄντων, καὶ αἱ ἀναμνήσεις
23 δέ. οὐδὲν γὰρ ἔξω τῶν ὄντων οὐδ᾽ ἐν τόπῳ, μένει δὲ ἀεὶ ἐν
αὑτοῖς μεταβολὴν οὐδὲ φθορὰν δεχόμενα· διὸ καὶ ὄντως
ὄντα. ἢ γιγνόμενα καὶ | ἀπολλύμενα ἐπακτῷ χρήσεται τῷ
24 ὄντι καὶ οὐκέτ᾽ ἐκεῖνα, ἀλλ᾽ ἐκεῖνο τὸ ὂν ἔσται. τὰ μὲν
δὴ αἰσθητὰ μεθέξει ἐστὶν ἃ λέγεται τῆς ὑποκειμένης
φύσεως μορφὴν ἰσχούσης ἄλλοθεν οἷον χαλκὸς παρὰ
ἀνδριαντοποιικῆς καὶ ξύλον παρὰ τεκτονικῆς, διὰ εἰδώλου
τῆς τέχνης εἰς αὐτὰ ἰούσης, | τῆς δὲ τέχνης αὐτῆς ἔξω
ὕλης ἐν ταυτότητι μενούσης καὶ τὸν ἀληθῆ ἀνδριάντα καὶ
25 κλίνην ἐχούσης. οὕτω δὴ καὶ ἐπὶ τῶν σωμάτων καὶ τόδε
τὸ πᾶν ἰνδαλμάτων μετέχον ἕτερα αὐτῶν δείκνυσι τὰ
ὄντα, ἄτρεπτα μὲν ὄντα ἐκεῖνα, αὐτὰ δὲ τρεπόμενα, ἱδρυ-
μένα τε ἐφ᾽ ἑαυτῶν, οὐ τόπου | δεόμενα, οὐ γὰρ μεγέθη,
νοερὰν δὲ καὶ αὐτάρκη ἑαυτοῖς ὑπόστασιν ἔχοντα. σωμάτων γὰρ φύσις σῴζεσθαι παρ᾽ ἄλλου θέλει, νοῦς δὲ ἀνέχων

dieser Welt sein, nicht Abdruck anderer Dinge, sondern Urbilder, Erstes, Wesen des Geistes. Wollte man einwenden daß bloße Begriffe dazu genügten, so müßten das doch ewige sein; sind sie aber ewig und unaffizierbar, so müssen sie im Geist sein, der eben diese Qualitäten hat, der früher ist als Zuständlichkeit, Wachstumskraft und Seele; denn diese sind nur potential.

Somit denkt der Geist das Seiende indem er es ist, nicht als 22
etwas anderwärts Seiendes, denn es ist weder vor ihm noch
nach ihm, vielmehr ist er gleichsam der erste Gesetzgeber
oder richtiger das Gesetz des Seins selber. Mit Recht heißt es
also 'denn ein und dasselbe ist Denken wie Sein' und 'die
Wissenschaft von den immateriellen Dingen ist identisch mit
ihrem Objekt' und 'ich habe mich selbst gesucht' (als eines
von den seienden Dingen nämlich), und auch die Lehre von
den Wiedererinnerungen besteht zu Recht. Nichts vom ei- 23
gentlich Seienden ist außerhalb, noch überhaupt räumlich,
sondern es beharrt ewig in sich selbst und unterliegt keiner
Veränderung und keiner Vernichtung: darum ist es eben
wahrhaft seiend. Andernfalls, wenn es werdend und ver-
gehend sein würde, müßte es das Seiende als fremde Zutat an
sich tragen, und nicht mehr es selbst, sondern jenes Fremde
würde das Seiende sein. Die Sinnendinge also sind das was sie 24
heißen nur durch Teilhabe, indem die ihnen zugrundeliegende
Wesenheit ihre Form anderswoher erhält, so das Erz von der
Bildhauerkunst, das Holz von der Zimmrerkunst, wobei die
Kunst nur vermöge eines Abbildes in die Gegenstände eintritt, die Kunst selbst dagegen außerhalb der Materie in Selbigkeit beharrt und die wahre Bildsäule, das wahre Bett in
sich besitzt. Ebenso ist es auch mit der irdischen Welt, auch 25
die Körper in ihr haben nur an Abbildern teil und weisen so
darauf hin, daß das Seiende von ihnen verschieden ist, da,
während sie sich wandeln, jenes unwandelbar ist und auf sich
selber gegründet, und keines Ortes bedarf, denn es ist keine
Größe, sondern eine geisthafte, sich selbst genügende Existenz hat. Denn Leiber verlangen ihrem Wesen gemäß nach
Erhaltung durch ein anderes, der Geist aber, welcher durch
sein wunderbares Wesen aufrecht hält was von sich selbst

θαυμαστῇ φύσει τὰ παρ' αὐτῶν πίπτοντα ὅπου ἱδρυθῇ
αὐτὸς οὐ ζητεῖ.

26 Νοῦς μὲν δὴ ἔστω τὰ ὄντα καὶ πάντα ἐν αὐτῷ οὐχ 6
ὡς ἐν τόπῳ ἔχων, ἀλλ' ὡς αὐτὸν ἔχων καὶ ἓν ὢν αὐτοῖς.
πάντα δὲ ὁμοῦ ἐκεῖ καὶ οὐδὲν ἧττον διακεκριμένα. ἐπεὶ
καὶ ψυχὴ ὁμοῦ ἔχουσα πολλὰς ἐπιστήμας ἐν ἑαυτῇ οὐδὲν |
ἔχει συγκεχυμένον καὶ ἑκάστη πράττει τὸ αὐτῆς ὅταν
δέῃ, οὐ συνεφέλκουσα τὰς ἄλλας, νόημα δὲ ἕκαστον
καθαρὸν ἐνεργεῖ ἐκ τῶν ἔνδον αὖ νοημάτων κειμένων.
27 οὕτως οὖν καὶ πολὺ μᾶλλον ὁ νοῦς ἐστιν ὁμοῦ πάντα καὶ
αὖ οὐχ ὁμοῦ, ὅτι ἕκαστον δύναμις ἰδία· ὁ δὲ πᾶς νοῦς
περιέχει | ὥσπερ γένος εἴδη καὶ ὥσπερ ὅλον μέρη· καὶ αἱ
τῶν σπερμάτων δὲ δυνάμεις εἰκόνα φέρουσι τοῦ λεγο-
μένου, ἐν γὰρ τῷ ὅλῳ ἀδιάκριτα πάντα καὶ οἱ λόγοι
ὥσπερ ἐν ἑνὶ κέντρῳ· καὶ † ὥσπερ ἔστιν ἄλλος ὀφθαλμοῦ
ἄλλος δὲ χειρῶν λόγος, τὸ ἕτερος εἶναι παρὰ τοῦ γενο-
28 μένου ὑπ' αὐτοῦ αἰσθητοῦ | γνωσθείς. αἱ μὲν οὖν ἐν τοῖς
σπέρμασι δυνάμεις, ἑκάστη αὐτῶν λόγος εἷς ὅλος μετὰ
τῶν ἐν αὐτῷ ἐμπεριεχομένων μερῶν τὸ μὲν σωματικὸν
ὕλην ἔχει, οἷον ὅσον ὑγρόν, αὐτὸς δὲ εἶδός ἐστι τὸ ὅλον
καὶ λόγος ὁ αὐτὸς ὢν ψυχῆς εἴδει τῷ γεννῶντι, ἥ ἐστιν
ἴνδαλμα ψυχῆς ἄλλης κρείττονος. | φύσιν δέ τινες αὐτὴν
ὀνομάζουσι τὴν ἐν τοῖς σπέρμασιν, ἣ ἐκεῖθεν ὁρμηθεῖσα
ἀπὸ τῶν πρὸ αὐτῆς ὥσπερ ἐκ πυρὸς φῶς, ἔτρεψέ τε καὶ
ἐμόρφωσε τὴν ὕλην οὐκ ὠθοῦσα οὐδὲ ταῖς πολυθρυλλήτοις
μοχλείαις χρωμένη, δοῦσα δὲ τῶν λόγων.

29 Αἱ δὲ ἐπιστῆμαι ἐν ψυχῇ λογικῇ οὖσαι αἱ μὲν τῶν 7
αἰσθητῶν (εἰ δεῖ ἐπιστήμας τούτων λέγειν, πρέπει δὲ

hinfallen müßte, bedarf selbst keines Ortes auf dem er sich
gründete.

So sei also der Geist das Seiende, der alles Seiende in sich 26 *6*
hat nicht als in einem Ort, sondern indem er sich selbst hat
und mit dem Seienden ein Eines ist. Es ist aber dort oben
alles beisammen und nichtsdestoweniger doch gesondert.
Trägt doch schon die Seele viele Wissenschaften in sich beisammen und doch nicht durcheinander, sondern jede Wissenschaft vollzieht im Bedarfsfalle ihre besondere Aufgabe ohne
die andern hineinzuziehen, und auch der einzelne Gedanke
kommt für sich zur Wirksamkeit, unvermengt mit den andern in der Wissenschaft ruhenden Gedanken. Ebenso und 27
erst recht ist der Geist alles beisammen, und ist es auch wieder nicht beisammen sofern jedes einzelne eine besondere
Kraft ist; der gesamte Geist aber umfaßt es wie die Gat-
tung die Arten und das Ganze die Teile; auch die Kräfte des
Samens bieten ein Gleichnis des Gemeinten, denn im ganzen
Samen ist alles ungeschieden vorhanden, und die rationalen
Bildekräfte liegen in ihm wie in einem einzigen Mittelpunkte
beisammen; und doch (?) ist die das Auge bildende Kraft verschieden von der der Hand, man erkennt ihr Anderssein an
dem Sinnending welches sie hervorbringt.

Was nun die im Samen enthaltenen Kräfte betrifft, so ist 28
jede von ihnen wieder eine einheitliche Bildekraft, in ihrer
Gesamtheit die in ihr enthaltenen Teile umfassend, und hat
das Körperliche zur Materie (so das was am Samen Feuchtig-
keit ist), die Kraft als solche ist aber Gestalt in ihrer Gesamtheit, rationale Bildekraft, welche identisch ist mit einer Gat-
tung der Seele, nämlich der zeugerischen, und diese Seele wieder ist das Nachbild einer andern, höheren Seele. Die Seele
ihrerseits die im Samen wirkt, nennen manche 'Natur' *(Wer-
dekraft)*, sie geht aus von oben, von dem was vor ihr ist wie
Licht von Feuer, und wandelt und gestaltet die Materie, nicht
durch mechanischen Stoß noch durch Anwendung der viel-
berufenen Hebelkraft, sondern indem sie ihr von den Bilde-
kräften mitteilt.

Von den Wissenschaften ferner, welche in der vernünftigen 29 *7*
Seele sind, sind die sinnliche Gegenstände betreffenden –

αὐταῖς τὸ τῆς δόξης ὄνομα) ὕστεραι τῶν πραγμάτων
οὖσαι εἰκόνες εἰσὶ τούτων· αἱ δὲ τῶν νοητῶν, αἳ δὴ καὶ
ὄντως ἐπι|στῆμαι, παρὰ νοῦ εἰς λογικὴν ψυχὴν ἐλθοῦσαι
αἰσθητὸν μὲν οὐδὲν νοοῦσι· καθόσον δέ εἰσιν ἐπιστῆμαι,
εἰσὶν αὐτὰ ἕκαστα ἃ νοοῦσι καὶ ἔνδοθεν τό τε νοητὸν τήν
30 τε νόησιν ἔχουσιν· ὅτι ὁ νοῦς ἔνδον, ὅς ἐστιν αὐτὰ τὰ
πρῶτα, συνὼν αὑτῷ ἀεὶ καὶ ἐνέργεια ὑπάρχων καὶ οὐκ
ἐπιβάλλων ὡς οὐκ | ἔχων ἢ ἐπικτώμενος ἢ διεξοδεύων
οὐ προκεχειρισμένα· ψυχῆς γὰρ ταῦτα πάθη· ἀλλ' ἔστη-
31 κεν ἐν αὑτῷ ὁμοῦ πάντα ὤν· οὐ νοήσας ἵν' ὑποστήσῃ
ἕκαστα· οὐ γὰρ ὅτε ἐνόησε θεὸν θεὸς ἐγένετο οὐδέ ὅτε
ἐνόησε κίνησιν κίνησις ἐγένετο. ὅθεν καὶ τὸ λέγειν νοήσεις
τὰ εἴδη, εἰ οὕτω | λέγεται, ὡς ἐπειδὴ ἐνόησε τόδε ἐγένετο
ἢ ἔστι τόδε, οὐκ ὀρθῶς· ταύτης γὰρ τῆς νοήσεως πρότερον
δεῖ τὸ νοούμενον εἶναι· ἢ πῶς ἂν ἔλθοι ἐπὶ τὸ νοεῖν αὐτό;
32 οὐ γὰρ δὴ κατὰ συντυχίαν, οὐδὲ ἐπέβαλεν εἰκῇ. εἰ οὖν 8
ἡ νόησις ἐνόντος, ἐκεῖνο τὸ εἶδος τὸ ἐνὸν καὶ ἡ ἰδέα αὕτη.
τί οὖν τοῦτο; νοῦς καὶ ἡ νοερὰ οὐσία, οὐχ ἑτέρα τοῦ νοῦ
ἑκάστη ἰδέα, ἀλλ' ἑκάστη νοῦς. καὶ ὅλος μὲν ὁ νοῦς τὰ
πάντα εἴδη, ἕκαστον δὲ εἶδος νοῦς ἕκαστος, | ὡς ἡ ὅλη
ἐπιστήμη τὰ πάντα θεωρήματα, ἕκαστον δὲ μέρος τῆς
ὅλης οὐχ ὡς διακεκριμένον τόπῳ, ἔχον δὲ δύναμιν
ἕκαστον ἐν τῷ ὅλῳ. ἔστιν οὖν οὕτως ὁ νοῦς ἐν αὑτῷ
33 καὶ ἔχων ἑαυτὸν ἐν ἡσυχίᾳ κόρος ἀεί. εἰ μὲν οὖν προεπ-
ενοεῖτο ὁ νοῦς πρότερος τοῦ ὄντος, ἔδει τὸν νοῦν | λέγειν
ἐνεργήσαντα καὶ νοήσαντα ἀποτελέσαι καὶ γεννῆσαι τὰ

7, 4 αἱ δὲ τῶν Kirchhoff: τῶν δὲ *8* ὅς Kirchhoff: ὁ
8, 7 οὕτως correxi: οὗτος

wenn man die überhaupt Wissenschaften nennen will, es kommt ihnen eigentlich nur der Name 'Meinungen' zu – später als ihre Gegenstände und also ihre Abbilder; die Wissenschaften aber von den geistigen Gegenständen, die ja erst wahrhaft Wissenschaften sind, gelangen aus dem Geist in die vernünftige Seele und denken nichts Sinnliches, sondern insoweit sie Wissenschaften sind, *sind* sie je das Einzelne was sie denken und erhalten von innen sowohl das Gedachte wie
das Denken; denn drinnen ist der Geist, als welcher selbst das 30
Erste ist, da er ewig nur bei sich selbst ist und reine Aktualität ist, und die Dinge nicht erfaßt als hätte er sie nicht oder müßte sie erst erwerben oder doch, weil sie nicht zuhanden sind, erst diskursiv durchlaufen; das alles sind Zustände der Seele, sondern er steht stille in sich selber und ist alles Seiende
zumal; und zwar denkt er nicht erst das Einzelne um es in die 31
Existenz zu rufen; es ist nicht, als er Gott dachte, Gott entstanden und als er Bewegung dachte, die Bewegung entstanden. Daher auch die Auffassung der Ideen als Gedanken, wenn sie so gemeint ist, daß erst als der Geist sie gedacht hat die einzelne Idee entstand und nun existiert, nicht richtig ist, denn das Gedachte muß früher als dieser einzelne Gedanke sein; wie sollte er sonst dazu gelangen es zu denken? Das kann doch nicht aus Zufall geschehen sein, auch kann es nicht
blindlings geschehen sein daß er es ergriff. Richtet sich also 32 *8*
das Denken auf ein dem Geiste Innewohnendes, so ist eben dies Innewohnende die Gestalt, und das ist die Idee. Was ist nun diese Idee? Sie ist Geist, die geisthafte Wesenheit, aber nicht die einzelne Idee vom Geist unterschieden, sondern jede einzelne ist *der* Geist. Und zwar ist der Geist als Gesamtheit alle Ideen, die einzelne Idee aber ist der Geist als einzelnes, so wie die gesamte Wissenschaft gleich allen Lehrsätzen ist, jeder einzelne Lehrsatz aber ein Teil der Gesamtwissenschaft, nicht als wäre er räumlich von ihr gesondert, sondern er hat als einzelner seine Kraft und Bedeutung erst im Ganzen. So ist denn also der Geist in sich selbst und da er sich selbst in
voller Ruhe innehat, ist er ewig gesättigte Fülle. Wenn der 33
Geist als dem Seienden vorausliegend zu denken wäre, so müßte man annehmen, daß der Geist indem er es denkend

ὄντα· ἐπεὶ δὲ τὸ ὂν τοῦ νοῦ προεπινοεῖν ἀνάγκη, ἐγ-
κεῖσθαι δεῖ τίθεσθαι ἐν τῷ νοοῦντι τὰ ὄντα, τὴν δὲ
ἐνέργειαν καὶ τὴν νόησιν ἐπὶ τοῖς οὖσιν οἷον ἐπὶ πυρὶ
ἤδη τὴν τοῦ πυρὸς ἐνέργειαν, ἵν' ἓν ὄντα τὸν νοῦν ἐφ' |
34 ἑαυτοῖς ἔχῃ ἐνέργειαν αὐτῶν. ἔστι δὲ καὶ τὸ ὂν ἐνέργεια·
μία οὖν ἀμφοῖν ἐνέργεια, μᾶλλον δὲ τὰ ἄμφω ἕν. μία μὲν
οὖν φύσις τό τε ὂν ὅ τε νοῦς· διὸ καὶ τὰ ὄντα καὶ ἡ τοῦ
ὄντος ἐνέργεια καὶ ὁ νοῦς ὁ τοιοῦτος· καὶ αἱ οὕτω νοήσεις
τὸ εἶδος καὶ ἡ μορφὴ τοῦ ὄντος καὶ ἡ ἐνέργεια, ἐπινοεῖταί |
γε μὴν μεριζομένων ὑφ' ἡμῶν θάτερα πρὸ τῶν ἑτέρων·
ἕτερος γὰρ ὁ μερίζων νοῦς, ὁ δὲ ἀμέριστος καὶ μὴ μερίζων,
τὸ ὂν καὶ τὰ πάντα.

35 Τίνα οὖν ἐστι τὰ ἐν ἑνὶ νῷ ἃ νοοῦντες μερίζομεν ἡμεῖς; *9*
δεῖ γὰρ αὐτὰ ἠρεμοῦντα προφέρειν οἷον ἐξ ἐπιστήμης ἐν
ἑνὶ οὔσης ἐπιθεωρεῖν τὰ ἐνόντα. κόσμου δὴ τοῦδε ὄντος
ζῴου περιεκτικοῦ ζῴων ἁπάντων καὶ παρ' | ἄλλου ἔχοντος
τὸ εἶναι καὶ τοιῷδε εἶναι, παρ' οὗ δέ ἐστιν εἰς νοῦν
ἀναγομένου, ἀναγκαῖον καὶ ἐν νῷ τὸ ἀρχέτυπον πᾶν εἶναι,
καὶ κόσμον νοητὸν τοῦτον τὸν νοῦν εἶναι, ὅν φησιν ὁ
36 Πλάτων ἐν τῷ ὅ ἐστι ζῷον· ὡς γὰρ ὄντος λόγου ζῴου
τινός, οὔσης δὲ καὶ ὕλης τῆς τὸν λόγον τὸν | σπερματικὸν
δεξαμένης, ἀνάγκη ζῷον γενέσθαι, τὸν αὐτὸν τρόπον καὶ
φύσεως νοερᾶς καὶ παντοδυνάμου οὔσης καὶ οὐδενὸς διείρ-
γοντος, μηδενὸς ὄντος μεταξὺ τούτου καὶ τοῦ δέξασθαι
δυναμένου, ἀνάγκη τὸ μὲν κοσμηθῆναι, τὸ δὲ κοσμῆσαι.
καὶ τὸ μὲν κοσμηθὲν ἔχει τὸ εἶδος μεμερισμένον, |
ἀλλαχοῦ ἄνθρωπον καὶ ἀλλαχοῦ ἥλιον. τὸ δὲ ἐν ἑνὶ πάντα.

8, 13 πυρὶ Kirchhoff: πῦρ

verwirklicht, das Seiende erst fertig macht und so hervorbringt; da aber notwendig das Seiende vor dem Geist zu denken ist, so muß man ansetzen, daß das Seiende im Geiste darinliegt und daß sich die denkende Wirksamkeit *(Aktualisierung)* des Geistes am Seienden vollzieht so wie die Wirkungskraft des Feuers am bereits vorhandenen Feuer, damit so das Seiende den einheitlichen Geist an sich trage als seine, des Seienden, Wirksamkeit. Nun ist auch das Seiende Wirk- 34
samkeit; sie haben also beide nur eine Wirksamkeit, oder richtiger, sie sind beide eins. Eine Wesenheit sind also das Sein und der Geist, und folglich auch das Seiende und die Verwirklichung des Seienden und der so verstandene Geist; und die so verstandenen Gedanken sind allerdings die Idee und Gestalt des Seins und seine Verwirklichung, nur unser Denken zerteilt und denkt das eine vor dem andern; denn unser teilender Geist ist verschieden von jenem unteilbaren, nicht teilenden, welcher das Sein und die Gesamtheit aller Dinge ist.

Welches nun sind die Dinge in dem Einen Geist, die wir 35 *9*
mit unserm Denken zerteilen? Denn man muß sie, die in ihrem Sein ruhen, hervorholen, so wie man aus einer Wissenschaft, die in ungeteilter Einheit dasteht, die einzelnen Inhalte nacheinander betrachten muß. Da unsere Welt ein Lebewesen ist welches alle Lebewesen in sich enthält, und da sie von einem andern her ihr Sein und ihr Sosein empfängt, da ferner dies andere von dem her die Welt ist *(die Seele)* auf den Geist zurückzuführen ist, so muß notwendig eben im Geist das gesamte Urbild vorhanden sein, er, der Geist, muß die geistige Welt sein, von der Plato sagt: 'in dem wesenhaften Lebewesen'; denn wie notwendig, sofern einerseits die Bilde- 36
kraft, anderseits der Stoff der diese samenhafte Bildekraft aufnimmt vorhanden sind, ein Lebewesen entstehen muß, ebenso muß auch, da einerseits die geisthafte, allvermögende Wesenheit da ist, anderseits nichts sie absperrt, denn es liegt nichts zwischen ihr und dem zur Aufnahme Fähigen, notwendig dies Letztere zur Welt gestaltet werden und jenes es gestalten. Diese gestaltete Welt hat die ideale Form als Geteiltes, hier den Menschen dort die Sonne, Jenes dagegen hat alles in Einem vereint.

37 Ὅσα μὲν οὖν ὡς εἴδη ἐν τῷ αἰσθητῷ ἐστι, ταῦτα 10
ἐκεῖθεν, ὅσα δὲ μή, οὔ. διὸ τῶν παρὰ φύσιν οὐκ ἔστιν
ἐκεῖ οὐδέν, ὥσπερ οὐδὲ τῶν παρὰ τέχνην ἐστὶν ἐν ταῖς
τέχναις οὐδὲ ἐν τοῖς σπέρμασι χωλεία (ποδῶν δὲ χωλεία |
ἡ δὴ ἐν τῇ γενέσει οὐ κρατήσαντος λόγου, ἡ δὲ ἐκ τύχης
38 λύμῃ τοῦ εἴδους). καὶ ποιότητες δὴ σύμφωνοι καὶ ποσότη-
τες, ἀριθμοί τε καὶ μεγέθη καὶ σχέσεις, ποιήσεις
τε καὶ πείσεις αἱ κατὰ φύσιν, κινήσεις τε καὶ στάσεις
καθόλου τε καὶ ἐν μέρει τῶν ἐκεῖ· ἀντὶ δὲ χρόνου |
39 αἰών· ὁ δὲ τόπος ἐκεῖ νοερῶς τὸ ἄλλο ἐν ἄλλῳ. ἐκεῖ
μὲν οὖν ὁμοῦ πάντων ὄντων ὅ τι ἂν λάβῃς αὐτῶν οὐσία
καὶ νοερὸν καὶ ζωῆς ἕκαστον μετέχον καὶ ταὐτὸν καὶ
θάτερον καὶ κίνησις καὶ στάσις καὶ κινούμενον καὶ ἑστὼς
καὶ οὐσία καὶ ποιόν· καὶ πάντα οὐσία, καὶ γὰρ ἐνεργείᾳ,
οὐ δυνάμει | τὸ ὂν ἕκαστον, ὥστε οὐ κεχώρισται τὸ ποιὸν
ἑκάστης οὐσίας.
40 Ἆρ' οὖν μόνα τὰ ἐν τῷ αἰσθητῷ ἐκεῖ ἢ καὶ ἄλλα πλείω;
ἀλλὰ πρότερον περὶ τῶν κατὰ τέχνην σκεπτέον. (κακοῦ
γὰρ οὐδενός· τὸ γὰρ κακὸν ἐνταῦθα ἐξ ἐνδείας καὶ
στερή|σεως καὶ ἐλλείψεως καὶ ὕλης ἀτυχούσης πάθος καὶ
41 τοῦ ὕλῃ ὡμοιωμένου.) τὰ οὖν κατὰ τέχνην καὶ αἱ τέχναι; 11
τῶν δὴ τεχνῶν ὅσαι μιμητικαί, γραφικὴ μὲν καὶ ἀνδριαντο-
ποιία ὄρχησίς τε καὶ χειρονομία, ἐνταῦθά που τὴν
σύστασιν λαβοῦσαι καὶ αἰσθητῷ προσχρώμεναι παρα-
δείγματι καὶ μιμούμεναι εἴδη τε καὶ κινήσεις τάς τε
συμ|μετρίας ἃς ὁρῶσι μετατιθεῖσαι οὐκ ἂν εἰκότως ἐκεῖ
42 ἀνάγοιντο, εἰ μὴ τῷ ἀνθρώπου λόγῳ. εἰ δέ τις ἕξις ἐκ
τῆς περὶ τὰ ζῷα συμμετρίας ὅλως ζῴων ἐπισκοποῖτο,

10, 5 ἡ δὴ correxi: ἤδη *10, 6* λύμῃ: correxi
11 νοερὰ: correxi *11, 7* ὅλως scripsi: ὅλων

Alles also was als ideale Formen im Reich des Sinnlichen 37 *10*
weilt, das stammt aus jener Welt, das andere aber nicht; weshalb es denn dort oben für das Naturwidrige keine Ideen gibt,
so wie es in den Künsten die Idee des Kunstwidrigen nicht
gibt, und in den Samen keine Lahmheit (denn Fußlähmung
bei der Geburt beruht darauf daß die Bildekraft die Materie
nicht bewältigen konnte, solche durch Unfall auf einer Be-
schädigung der idealen Form). So gehören also der oberen 38
Welt an harmonische Qualitäten und Quantitäten, Zahlen
und Größen und Verhaltungen, Handlungen und Erlei-
dungen, soweit sie naturgemäß sind, Bewegungen und
Stillstände, sowohl insgesamt wie im Einzelnen; und statt
der Zeit die Ewigkeit; und der Raum besteht dort oben
geisthaft darin daß eins im andern ist. Da nun dort oben alles 39
beisammen ist, so ist all dies, was man auch herausgreife,
Wesenheit und geisthaft und jegliches hat Teil am Leben, ist
sowohl Selbigkeit wie Andersheit, Ruhe wie Bewegung, bewegt wie ruhend, Substanz wie Qualität; und alles ist reine
Wesenheit, denn jedes einzelne Seiende ist aktual, nicht potential, so daß die Qualität nicht geschieden ist von der jedes-
maligen Substanz. –

Sind nun in der oberen Welt nur die Formen dessen was im 40
Sinnlichen ist, oder noch mehr? – Indessen ist zuvor was ins
Gebiet der Kunst gehört zu untersuchen. (Von etwas Bösem
nämlich gibts dort oben keine Form, denn das Böse hier unten ist Folge von Mangel, Privation, Unvollkommenheit, es
ist Schicksal der Materie und ihres Unheils sowie dessen was
der Materie sich angeglichen hat.) Sind also die Kunstgegen- 41 *11*
stände und die Künste in der oberen Welt? Die nachahmen-
den Künste Malerei und Bildhauerei, Tanzkunst und Panto-
mimik, welche irgendwie auf der niederen Welt beruhen, ein
Sinnliches zum Vorbild haben und die Gestalten, Bewegungen und Symmetrien nachahmen und umbilden, die sie sehen,
kann man nicht wohl auf die obere Welt zurückführen, soweit
das nicht durch den Begriff des Menschen geschehen kann.
Wenn aber etwa eine künstlerische Fähigkeit, ausgehend von 42
der Symmetrie der einzelnen Lebewesen, die Symmetrien
von Lebewesen überhaupt zum Gegenstand der Betrachtung

μόριον ἂν εἴη δυνάμεως τῆς κἀκεῖ ἐπισκοπούσης καὶ
θεωρούσης τὴν ἐν τῷ νοητῷ περὶ πάντα συμμετρίαν. καὶ
μὴν καὶ μουσικὴ | πᾶσα περὶ ἁρμονίαν ἔχουσα καὶ
ῥυθμὸν [ἣ μὲν περὶ ῥυθμὸν καὶ ἁρμονίαν ἔχουσα] τὰ
νοήματα, τὸν αὐτὸν τρόπον ἂν εἴη ὥσπερ ἐκεῖ ἡ περὶ τὸν
43 νοητὸν ῥυθμὸν ἔχουσα. ὅσαι δὲ ποιητικαὶ αἰσθητῶν τῶν
κατὰ τέχνην, οἷον οἰκοδομικὴ καὶ τεκτονική, καθ᾽ ὅσον
συμμετρίαις προσχρῶνται, ἀρχὰς ἂν ἐκεῖθεν ἔχοιεν καὶ
τῶν ἐκεῖ φρονή|σεων· τῷ δὲ αἰσθητῷ ταῦτα συγκερασά-
μεναι, τὸ ὅλον οὐκ ἂν εἶεν ἐκεῖ, ἢ ἐν τῷ ἀνθρώπῳ. οὐ
μὴν οὐδὲ γεωργία συλλαμβάνουσα αἰσθητῷ φυτῷ ἰατρική
τε τὴν ἐνταῦθα ὑγίειαν θεωροῦσα ἥ τε περὶ ἰσχὺν τήνδε
καὶ εὐεξίαν· ἄλλη γὰρ ἐκεῖ δύναμις καὶ ὑγίεια, καθ᾽ ἣν
44 ἀτρεμῆ πάντα καὶ ἱκανὰ | ὅσα ζῷα. ῥητορεία δὲ καὶ
στρατηγία οἰκονομία τε καὶ βασιλική, εἴ τινες αὐτῶν τὸ
καλὸν κοινωνοῦσι ταῖς πράξεσιν, εἰ ἐκεῖνο θεωροῖεν,
μοῖραν ἐκεῖθεν εἰς ἐπιστήμην ἔχουσιν ἐκ τῆς ἐπιστήμης
τῆς ἐκεῖ. γεωμετρία δὲ τῶν νοητῶν οὖσα τακτέα ἐκεῖ
σοφία τε ἀνωτάτω περὶ τὸ ὂν οὖσα.

45 Καὶ περὶ | μὲν τεχνῶν καὶ τῶν κατὰ τέχνας ταῦτα. εἰ 12
δὲ ἀνθρώπου ἐκεῖ καὶ λογικοῦ ἐκεῖ καὶ τεχνικοῦ, καὶ αἱ
46 τέχναι, ἀνθρώπου γεννήματα οὖσαι. χρὴ δὲ καὶ τῶν
καθόλου λέγειν τὰ εἴδη εἶναι, οὐ Σωκράτους, ἀλλ᾽
ἀνθρώπου. ἐπισκεπτέον δὲ περὶ ἀνθρώπου, εἰ | καὶ ὁ
καθέκαστα. τὸ δὲ καθέκαστον, ὅτι [μὴ] τὸ αὐτὸ ἄλλο
ἄλλῳ· οἷον ὅτι ὁ μὲν σιμὸς ὁ δὲ γρυπός, γρυπότητα μὲν

10 del. Vitringa *11* ἐκεῖ scripsi: καὶ
12, 2 ἀνθρώπου (ante γεννήματα) conicio: νοῦ *6* del. Müller

machen würde, so wäre dies Vermögen ein Teil jener Kraft,
welche auch dort oben die Symmetrie aller Dinge im Geistigen
betrachtet und anschaut. Alle Musik ferner, welche ihre Gedanken auf Harmonie und Rhythmus richtet, ist jener analog, die in der oberen Welt den Rhythmus des Geistigen über-
denkt. Die Künste ferner, die künstliche Sinnengegenstände 43
hervorbringen wie Hausbau und Zimmermannskunst, dürften soweit sie Symmetrien anwenden ihre Prinzipien aus der
oberen Welt und von der Zweckvernunft dort oben erhalten;
da sie diese Dinge aber mit dem Sinnlichen vermischen, so haben sie als Ganze dort oben keine Stelle, außer im Begriff des
Menschen. Ebensowenig auch der Landbau, welcher das sinn-
lichwahrnehmbare Gewächs pflegt, oder die Heilkunde welche die irdische Gesundheit zum Gegenstand der Betrachtung hat, oder die Kunst die sich mit der Kraft und der guten
Form dieses unseres Leibes befaßt *(Gymnastik)*; denn in der
oberen Welt gibt es eine andere Fähigkeit, eine Gesundheit,
vermöge derer alle Lebewesen dort oben ohne Zittern und
ohne Bedürfen sind. Rhetorik ferner, Strategie, Verwaltungs- 44
und Regierungskunst, welche von ihnen dem Schönen Anteil
an ihren Handlungen gibt, die empfängt, wenn sie das Schöne
der oberen Welt ins Auge faßt, einen Anteil von oben für ihre
Wissenschaft aus der oberen Wissenschaft. Die Geometrie dagegen, welche geistige Dinge zu ihrem Gegenstand hat, gehört
in die obere Welt und ebenso die Weisheit, welche sich in der
obersten Höhe mit dem Seienden beschäftigt.

Soviel über die Künste und ihre Gegenstände. Gibt es aber 45 *12*
in der oberen Welt die Idee des Menschen und die des vernünftigen und die des kunstbegabten Menschen, dann gibt es
dort auch die Künste, welche Erzeugungen des Menschen
sind.

Man muß aber hervorheben, daß es Ideen nur vom Allge- 46
meinen gibt, so nicht des Sokrates sondern nur des Menschen.
Weiter aber ist beim Menschen zu fragen, ob es auch von den
Einzelheiten an ihm Ideen gibt. Es gibt diese Einzelheiten in
der Ideenwelt, weil ja dieselbe Einzelheit beim einen Menschen so beim andern anders ist, zum Beispiel weil der eine
eine Plattnase, der andre eine Hakennase hat, muß man die

καὶ σιμότητα διαφορὰς ἐν εἴδει θετέον ἀνθρώπου, ὥσπερ
47 ζῴου διαφοραί εἰσιν. ἥκειν δὲ καὶ παρὰ τῆς ὕλης τὸ τὸν
μὲν τοιάνδε γρυπότητα, τὸν δὲ τοιάνδε· | καὶ χρωμάτων
διαφορὰς τὰς μὲν ἐν λόγῳ οὔσας, τὰς δὲ καὶ ὕλην καὶ
τόπον διάφορον ὄντα ποιεῖν.

48 Λοιπὸν δὲ εἰπεῖν, εἰ μόνα τὰ ἐν αἰσθητῷ ἐκεῖ ἢ καί, *13*
ὥσπερ ἀνθρώπου ὁ αὐτοάνθρωπος ἕτερος, εἰ καὶ ψυχῆς
49 αὐτοψυχὴ ἐκεῖ ἑτέρα καὶ νοῦ αὐτονοῦς. λεκτέον δὲ πρῶ-
τον μὲν ὅτι οὐ πάντα δεῖ ὅσα ἐνταῦθα εἴδωλα νομί|ζειν
ἀρχετύπων οὐδὲ ψυχὴν εἴδωλον εἶναι αὐτοψυχῆς, τιμιότητι
δὲ ἄλλην ἄλλης διαφέρειν καὶ εἶναι καὶ ἐνταῦθα, ἴσως δὲ
οὐχ ὡς ἐνταῦθα, αὐτοψυχήν. εἶναι δὲ ψυχῆς ὄντως οὔσης
ἑκάστης καὶ δικαιοσύνην δεῖ τινα καὶ σωφροσύνην, καὶ
ἐν ταῖς παρ᾽ ἡμῖν ψυχαῖς ἐπιστήμην ἀληθινήν, | οὐκ
εἴδωλα οὐδὲ εἰκόνας ἐκείνων ὡς ἐν αἰσθητῷ, ἀλλὰ ταὐτὰ
ἐκεῖνα ἄλλον τρόπον ὄντα ἐνταῦθα· οὐ γὰρ ἔν τινι τόπῳ
ἀφωρισμένα ἐκεῖνα, ὥστε ὅπου ψυχὴ σώματος ἐξανέδυ,
ἐκεῖ κἀκεῖνα. ὁ μὲν γὰρ αἰσθητὸς κόσμος μοναχοῦ, ὁ δὲ
50 νοητὸς πανταχοῦ. ὅσα μὲν οὖν ψυχὴ ἡ τοιαύτη ἐνταῦθα, |
ταῦτα ἐκεῖ· ὥστε, εἰ τὰ ἐν τῷ αἰσθητῷ τὰ ἐν τοῖς ὁρω-
μένοις λαμβάνοιτο, οὐ μόνον [ον] τὰ ἐν τῷ αἰσθητῷ
ἐκεῖ, ἀλλὰ καὶ πλείω· εἰ δὲ τὰ ἐν τῷ κόσμῳ λέγοιτο
συμπεριλαμβανομένων καὶ ψυχῆς καὶ τῶν ἐν ψυχῇ, πάντα
ἐνταῦθα ὅσα κἀκεῖ.

51 Τὴν οὖν τὰ πάντα περιλαβοῦσαν ἐν τῷ νοητῷ φύσιν, *14*
ταύτην ἀρχὴν θετέον. καὶ πῶς, τῆς μὲν ἀρχῆς τῆς ὄντως

13, 2 αὐτὸς ἄνθρωπος: corr. Kirchhoff *16* delevi

Plattheit und Gebogenheit der Nase als Varietäten an der
I d e e des Menschen ansetzen, so wie es auch von einem Tier
solche Varietäten gibt. Anderseits muß man annehmen, daß 47
nun die Materie auch mitwirkt und daß es von ihr herrührt
daß der eine solche, der andere eine andere Gebogenheit der
Nase hat; ebenso liegen die Verschiedenheiten der Hautfarbe
teils schon in der Idee des Menschen, teils bringt sie die Materie und die Verschiedenheit der Örtlichkeit hervor.

Es blieb noch zu erörtern, ob nur die Dinge der Sinnenwelt 48 *13*
dort oben als Idee sind, oder ob, wie es vom Menschen verschieden die Idee des Menschen gibt, auch von der Seele
unterschieden eine Idee der Seele und vom Geist eine Idee
des Geistes in der oberen Welt existiert. Da ist zuerst zu sagen 49
daß man nicht alles was in dieser Welt ist, für bloße Nachbilder von Urbildern halten muß, und so auch nicht die Seele
nur für ein Nachbild der Idee der Seele, sondern daß eine
Seele sich von der andern an Wert und Rang unterscheidet
und daß es auch in der unteren Welt Seelen gibt die Idee der
Seele sind – allerdings vielleicht nicht insofern sie hier unten
sind. Auch in der Einzelseele, die wahrhaft Seele ist, muß es
eine Gerechtigkeit und Besonnenheit geben, auch in den
Seelen, die in uns wohnen, wahre Wissenschaft, nicht etwa
nur, als in der Sinnenwelt, Abbilder der oberen Tugend und
Wissenschaft, sondern die oberen selbst, die, mit sich identisch, dennoch in andrer Weise auch hier unten sind; denn
die Oberen sind nicht auf einen bestimmten Ort beschränkt,
dergestalt daß, wo immer eine Seele aus dem Leibe sich her-
aufgehoben, dort jene oberen zur Stelle sind. Denn die sinnliche Welt ist an einer Stelle, die geistige aber an allen Stellen.
Somit ist alles, was eine solche Seele hier unten enthält, in der 50
oberen Welt vorhanden(?). Wenn man also die Dinge in der
Sinnenwelt als das Sichtbare auffaßt, dann gibt es in der
oberen Welt nicht nur die Dinge der Sinnenwelt allein, sondern noch mehr; versteht man aber darunter alles was in
unserer Welt ist, mit Einschluß der Seele und ihrer Inhalte,
so ist alles was dort oben ist, auch hier unten vorhanden.

Die Wesenheit nun welche im Geistigen alles umfaßt, die 51 *14*
muß man als den Urgrund ansehen. Wie das aber möglich ist,

ἑνὸς καὶ ἁπλοῦ πάντῃ οὔσης, πλήθους δὲ ἐν τοῖς οὖσιν ὄντος πῶς παρὰ τὸ ἕν, καὶ πῶς πλῆθος καὶ πῶς τὰ πάντα ¹ ταῦτα, καὶ διὰ τί νοῦς ταῦτα καὶ πόθεν, λεκτέον ἀπ' ἄλλης ἀρχῆς ἀρχομένοις.

52 Περὶ δὲ τῶν ἐκ σήψεως καὶ τῶν χαλεπῶν, εἰ κἀκεῖ
εἶδος, καὶ εἰ ῥύπου καὶ πηλοῦ, λεκτέον ὡς ὅσα κομίζεται
νοῦς ἀπὸ τοῦ πρώτου, πάντα ἄριστα, ἐν οἷς [εἴδεσιν] οὐ
ταῦτα· οὐδ' ἐκ ¹ τούτων νοῦς, ἀλλὰ ψυχὴ παρὰ νοῦ,
λαβοῦσα παρὰ ὕλης ἄλλα, ἐν οἷς ταῦτα (περὶ δὲ τούτων
σαφέστερον λεχθήσεται ἐπανελθοῦσιν ἐπὶ τὴν ἀπορίαν
53 πῶς ἐξ ἑνὸς πλῆθος)· ὅτι δὲ τὰ σύνθετα εἰκῇ ὄντα, οὐ
νῷ ἀλλ' ἐφ' ἑαυτῶν ¹ αἰσθητὰ συνελθόντα, οὐκ ἐν εἴδεσι·
τά τε ἐκ σήψεως ψυχῆς ἄλλο τι ἴσως ἀδυνατούσης, εἰ δὲ
μή, ἐποίησεν ἄν τι τῶν φύσει, ποιεῖ γοῦν ὅπου δύναται·
[περὶ δὲ τῶν τεχνῶν ὅτι ἐν αὐτοανθρώπῳ περιέχονται
ὅσαι τέχναι ἀναφέρονται πρὸς τὰ κατὰ φύσιν ἀνθρώπῳ] ¹
πρότερον δὲ ἄλλην καθόλου καὶ τῆς καθόλου αὐτοψυχὴν
ἤτοι τὴν ζωὴν τὴν ἐν νῷ πρὶν γενέσθαι ψυχήν (ἵνα καὶ
γένηται αὐτοψυχὴν ἐκείνην λέγειν).

14, 9 εἴδεσιν del. Vitringa *18–19* del. Heintz

wo doch der wahre Urgrund ein einheitlicher und schlechthin einfacher ist, und wie die Vielheit, die in der Welt herrscht, neben dem Einen sein kann, und in welchem Sinne die Vielheit aufzufassen ist und wie dies unser All, und weshalb dies Geist ist und woher es kommt – das alles wird von einem andern Ausgangspunkt aus darzulegen sein.

Was aber die Frage betrifft ob es dort oben auch eine Idee 52
von den aus der Fäulnis entstehenden und von schädlichen Lebewesen gibt, ferner von Schmutz und Schlamm, so ist zu sagen daß alles was der Geist vom Ersten her erhält, vollkommen gut ist; dazu gehören diese Dinge nicht, und nicht der Geist, sondern erst die Seele, die, vom Geist ausgehend (?), von der Materie etwas entnimmt, schafft daraus das Niedere (?), und darunter sind diese Dinge (genaueres darüber wird gesagt werden, wenn wir auf das Problem zurückkommen wie aus Einem Vielheit entstehen kann); weiter ist zu 53
sagen daß die willkürlich zusammengesetzten Dinge, da sie nicht vermöge des Geistes sondern selbständig als Sinnendinge sich zusammenfügen, sich nicht unter den Ideen befinden; und daß die aus der Fäulnis hervorgehenden Wesen entstanden sind weil die Seele vielleicht nicht die Kraft zu etwas anderem hatte; denn sonst hätte sie ein naturgemäßes Ding geschaffen wie sie tut wo sies kann, vor dieser Einzelseele aber liegt die Seele als Allgemeines, und vor dieser die Idee der Seele, und das heißt: das Leben welches im Geiste ist bevor es Seele wird (denn nur so ist es möglich jenes Obere Idee der Seele zu nennen).

VI 8 Περὶ τοῦ ἑκουσίου καὶ θελήματος τοῦ ἑνός

Ἆρ' ἔστι καὶ ἐπὶ θεῶν εἴ τί ἐστιν ἐπ' αὐτοῖς 1
ζητεῖν, ἢ ἐν ἀνθρώπων ἀδυναμίαις τε καὶ ἀμφισβητησίμοις δυνάμεσι τὸ τοιοῦτον ἂν πρέποι ζητεῖν, θεοῖς δὲ τὸ πάντα δύνασθαι ἐπιτρεπτέον, καὶ ἐπ' αὐτοῖς οὐ μόνον τί, ἀλλὰ καὶ πάντα εἶναι; ἢ τὴν δύναμιν δὴ πᾶσαν καὶ τὸ ἐπ' αὐτῷ δὴ πάντα ἑνὶ ἐπιτρεπτέον, τοῖς δ' ἄλλοις τὰ μὲν οὕτως, τὰ δ' ἐκείνως ἔχειν, καὶ τίσιν ἑκατέρως; ἢ καὶ ταῦτα μὲν ζητητέον, τολμητέον δὲ καὶ ἐπὶ τῶν πρώτων καὶ τοῦ ἄνω ὑπὲρ πάντα ζητεῖν τὸ τοιοῦτον, πῶς τὸ ἐπ' αὐτῷ, κἂν πάντα συγχωρῶμεν δύνασθαι. καίτοι καὶ τὸ δύνασθαι τοῦτο σκεπτέον πῶς ποτε λέγεται, μήποτε οὔπω τὸ μὲν δύναμιν, τὸ δ' ἐνέργειαν φήσομεν, καὶ ἐνέργειαν μέλλουσαν. ἀλλὰ ταῦτα μὲν ἐν τῷ παρόντι ἀναβλητέον, πρότερον δὲ ἐφ' ἡμῶν αὐτῶν, ἐφ' ὧν καὶ ζητεῖν ἔθος, εἴ τι ἐφ' ἡμῖν ὂν τυγχάνει. πρῶτον ζητητέον τί ποτε νοεῖ τὸ ἐφ' ἡμῖν εἶναί τι λέγειν· τοῦτο δ' ἐστὶ τίς ἔννοια τοῦ τοιούτου· οὕτω γὰρ ἄν πως γνωσθείη, εἰ καὶ ἐπὶ θεοὺς καὶ ἔτι μᾶλλον ἐπὶ θεὸν ἁρμόζει μεταφέρειν ἢ οὐ μετενεκτέον· ἢ μετενεκτέον μέν, ζητητέον δέ, πῶς τὸ ἐπ' αὐτοῖς τοῖς τε ἄλλοις καὶ ἐπὶ τῶν πρώτων. τί τοίνυν νοοῦντες τὸ ἐφ' ἡμῖν λέγομεν καὶ διὰ τί ζητοῦντες; ἐγὼ μὲν οἶμαι, ἐν ταῖς ἐναντίαις κινούμενοι τύχαις τε καὶ ἀνάγκαις καὶ παθῶν ἰσχυραῖς προσβολαῖς τὴν ψυχὴν κατεχούσαις,

1, 4 τὸ H-S: τε   1, 12 οὔπω Theiler: οὕτως   1, 16 νοεῖ Theiler: δεῖ

39 Der freie Wille und das Wollen des Einen

1 Darf man auch bei Göttern fragen, ob für sie etwas zur freien
Verfügung steht, oder ließe sich Derartiges nur bei der Menschen Unvermögen und unverläßlichem Vermögen sinnge-
recht fragen, während den Göttern zuzugestehen ist, daß sie
alles vermögen, und daß in ihrer freien Verfügung nicht nur
etwas, sondern alles stehe ? Oder aber ist nur dem Einen dies
umfassende Vermögen und die freie Verfügung über alles zuzugestehen, bei den anderen Göttern dagegen ist nur einiges in
ihrer Verfügung, anderes nicht ? Und bei welchen Göttern so 2
oder so ? Gewiß bedarf auch dies der Untersuchung; jedoch
muß man es auch wagen, eine derartige Frage bei den höchsten
Mächten und bei Dem, das droben über allen Dingen ist, zu
stellen: wie bei Jenem die freie Verfügung zu verstehen ist,
auch wenn wir darüber einig sind, daß Es alles vermag. Freilich
ist auch zu prüfen, wie denn dies 'vermögen' zu verstehen
ist: vielleicht werden wir noch nicht einteilen in Vermögen und
Verwirklichung und im Vermögen eine zukünftige Verwirklichung sehen. Doch wollen wir dies für den Augenblick hinaus- 3
schieben und zuvor bei uns Menschen forschen – wie das ja
auch gewöhnlich geschieht –, ob etwas in unserer Verfügung
steht. Zuerst ist zu fragen, was die Behauptung meint, es stehe
etwas in unserer Verfügbarkeit, das heißt: welchen Begriff wir 4
damit verbinden; denn so dürfte kenntlich werden, ob es angeht, diesen Begriff auch auf die Götter, und erst recht, ob auf
Gott zu übertragen, oder ob er nicht auf sie übertragen werden
darf; nun, er darf übertragen werden, es muß aber klargestellt
werden, wie die freie Verfügung zu verstehen ist, und zwar
einerseits bei den sonstigen Göttern, anderseits bei den obersten Mächten. Was also meinen wir, wenn wir von unserer 5
freien Verfügung sprechen, und warum machen wir die Untersuchung ? Ich glaube, da wir so umgetrieben werden in widri-
gen Schicksalen und Zwangslagen und in heftigen Erschütte-

ἅπαντα ταῦτα κύρια νομίσαντες εἶναι καὶ δουλεύοντες αὐτοῖς καὶ φερόμενοι ᾗ ἐκεῖνα ἄγοι, μή ποτε οὐδέν ἐσμεν οὐδέ τί ἐστιν ἐφ' ἡμῖν ἠπορήσαμεν, ὡς τούτου ἐσομένου ἂν ἐφ' ἡμῖν, ὃ μὴ τύχαις δουλεύοντες μηδὲ ἀνάγκαις μηδὲ πάθεσιν ἰσχυροῖς πράξαιμεν ἂν βουληθέντες οὐδενὸς ἐναντιουμένου ταῖς βουλήσεσιν. εἰ δὲ τοῦτο, εἴη ἂν ἡ ἔννοια τοῦ ἐφ' ἡμῖν, ὃ τῇ βουλήσει δουλεύει καὶ παρὰ τοσοῦτον ἂν γένοιτο ἢ μή, παρ' ὅσον βουληθείημεν ἄν. ἑκούσιον μὲν γὰρ πᾶν, ὃ μὴ βίᾳ μετὰ τοῦ εἰδέναι, ἐφ' ἡμῖν δέ, ὃ καὶ κύριοι πρᾶξαι. καὶ συνθέοι μὲν ἂν πολλαχοῦ ἄμφω καὶ τοῦ λόγου αὐτῶν ἑτέρου ὄντος, ἔστι δ' οὗ καὶ διαφωνήσειεν ἄν· οἷον εἰ κύριος ἦν τοῦ ἀποκτεῖναι, ἦν ἂν οὐχ ἑκούσιον αὐτῷ πεπραχότι, εἰ τὸν πατέρα ἠγνόει τοῦτον εἶναι. τάχα δ' ἂν κἀκεῖνο διαφέροι ἔχοντι τὸ ἐφ' ἑαυτῷ· δεῖ δὴ καὶ τὴν εἴδησιν ἐν τῷ ἑκουσίῳ οὐκ ἐν τοῖς καθέκαστα μόνον εἶναι, ἀλλὰ καὶ ὅλως. διὰ τί γάρ, εἰ μὲν ἀγνοεῖ, ὅτι φίλιος, ἀκούσιον, εἰ δὲ ἀγνοεῖ, ὅτι μὴ δεῖ, οὐκ ἀκούσιον; εἰ δ' ὅτι ἔδει μανθάνειν, οὐχ ἑκούσιον τὸ μὴ εἰδέναι, ὅτι ἔδει μανθάνειν, ἢ τὸ ἀπάγον ἀπὸ τοῦ μανθάνειν.

2 Ἀλλ' ἐκεῖνο ζητητέον· τοῦτο δὴ τὸ ἀναφερόμενον εἰς ἡμᾶς ὡς ἐφ' ἡμῖν ὑπάρχον τίνι δεῖ διδόναι; ἢ γὰρ τῇ ὁρμῇ καὶ ἡτινιοῦν ὀρέξει, οἷον ὃ θυμῷ πράττεται ἢ ἐπιθυμίᾳ ἢ λογισμῷ τοῦ συμφέροντος μετ' ὀρέξεως ἢ μὴ πράττεται. ἀλλ' εἰ μὲν θυμῷ καὶ ἐπιθυμίᾳ, καὶ παισὶ καὶ θηρίοις τὸ ἐπ' αὐτοῖς τι εἶναι δώσομεν καὶ μαινομένοις καὶ ἐξεστηκόσι καὶ φαρμάκοις ἁλοῦσι καὶ ταῖς

1, 32 τοσοῦτον Kirchhoff: τοῦτον 1, 34 συνθέοι Kirchhoff: συνθεῖ (συνθοῖ U) 1, 38 διαφέροι Theiler: διαφωνοῖ

rungen der Leidenschaft, die unsere Seele bedrängen, da halten wir all diese Dinge für entscheidend, wir gehorchen ihrem
Befehl, lassen uns treiben, wie sie führen: und so sind wir zu
dem Zweifel gelangt, ob wir etwa gar ein Nichts sind und nichts
in unserer Verfügung steht, so als stünde das in unserer Ver- *6*
fügung, was wir nicht nach dem Befehl von Schicksal, Zwang
oder heftiger Leidenschaft tun, sondern nach unserem eigenen
Willen, ohne daß unseren Willensäußerungen irgend etwas
entgegensteht. Ist dem so, dann ist als in unserer Verfügung
stehend zu begreifen, was dem Befehl unseres Willens gehorcht
und in so weit geschieht oder nicht geschieht, als wir es jeweils
wollen. Freiwillig nämlich nennen wir alles, was wir nicht unter *7*
Zwang tun und mit Wissen, in unsrer Verfügung stehend aber
das, über dessen Ausführung wir überdies die Entscheidung
haben. Beide Vorstellungen laufen in vielen Fällen auf eins
hinaus, auch wenn ihre Definition verschieden ist; es gibt aber
auch Fälle, wo sie nicht im Einklang stehen: hätte einer z. B. *8*
freie Hand, jemanden zu töten, dann wäre es keine freiwillige
Handlung von ihm, wenn er etwa nicht wußte, daß sein Opfer
sein Vater war. Vielleicht ist auch folgendes dem Besitzer
des freien Willens von Wichtigkeit: es muß auch das Wissen *9*
bei der Freiwilligkeit nicht nur in den Einzelheiten bestehen,
sondern auch im Allgemeinen. Warum soll denn jene Tat, wenn
der Täter nicht wußte, daß es sich um einen Verwandten handelt, eine unfreiwillige, wenn er dagegen nicht wußte, daß sie
verwerflich ist, eine nicht unfreiwillige sein? Wenn sie aber
nicht unfreiwillig ist, weil er dies hätte lernen müssen, so ist
doch das Nichtwissen, daß er dies hätte lernen müssen, oder
das, was ihn von diesem Lernen abführte, nicht freiwillig.

2 Es ist jetzt aber die folgende Frage zu stellen: dies auf uns *10*
Zurückgeführte, als uns zur freien Verfügung Stehendes, welchem Vermögen ist es zuzuweisen? Denn entweder weist man
es dem Triebe zu, jedem beliebigen Trachten, z. B. was aus
Zorn oder Begierde oder einer mit Trachten verbundenen
Überlegung des Vorteils getan oder nicht getan wird. Allein, *11*
weisen wir es dem Zorn oder der Begierde zu, so würden wir damit auch Kindern und wilden Tieren eine freie Verfügung zugestehen, ferner Wahnsinnigen, außer sich Geratenen und sol-

προσπιπτούσαις φαντασίαις, ὧν οὐ κύριοι· εἰ δὲ λογισμῷ μετ' ὀρέξεως, ἆρα καὶ πεπλανημένῳ τῷ λογισμῷ; ἢ τῷ ὀρθῷ λογισμῷ καὶ τῇ ὀρθῇ ὀρέξει. καίτοι καὶ ἐνταῦθα ζητήσειεν ἄν τις, πότερα ὁ λογισμὸς τὴν ὄρεξιν ἐκίνησεν ἢ τοῦτον ἡ ὄρεξις. καὶ γὰρ εἰ κατὰ φύσιν αἱ ὀρέξεις, εἰ μὲν ὡς ζῴου καὶ τοῦ συνθέτου, ἠκολούθησεν ἡ ψυχὴ τῇ τῆς φύσεως ἀνάγκῃ· εἰ δὲ ὡς ψυχῆς μόνης, πολλὰ τῶν νῦν ἐφ' ἡμῖν λεγομένων ἔξω ἂν τούτου γίνοιτο. εἶτ' εἰ καί τις λογισμὸς ψιλὸς πρόεισι τῶν παθημάτων, ἥ τε φαντασία ἀναγκάζουσα ἥ τε ὄρεξις ἐφ' ὅ τι ἂν ἄγῃ ἕλκουσα πῶς ἐν τούτοις κυρίους ποιεῖ; πῶς δ' ὅλως κύριοι, οὗ ἀγόμεθα; τὸ γὰρ ἐνδεὲς ἐξ ἀνάγκης πληρώσεως ὀρεγόμενον οὐκ ἔστι κύριον τοῦ ἐφ' ὃ παντελῶς ἄγεται. πῶς δ' ὅλως αὐτό τι παρ' αὐτοῦ, ὃ παρ' ἄλλου καὶ ἀρχὴν εἰς ἄλλο ἔχει κἀκεῖθεν γεγένηται οἷόν ἐστι; κατ' ἐκεῖνο γὰρ ζῇ καὶ ὡς πέπλασται· ἢ οὕτω γε καὶ τὰ ἄψυχα ἕξει τὸ ἐπ' αὐτοῖς τι εἰληφέναι· ποιεῖ γὰρ ὡς γεγένηται καὶ τὸ πῦρ. εἰ δ' ὅτι γινώσκει τὸ ζῷον καὶ ἡ ψυχὴ ὃ ποιεῖ, εἰ μὲν αἰσθήσει, τίς ἡ προσθήκη πρὸς τὸ ἐπ' αὐτοῖς εἶναι; οὐ γὰρ ἡ αἴσθησις πεποίηκε τοῦ ἔργου κύριον ἰδοῦσα μόνον. εἰ δὲ γνώσει, εἰ μὲν γνώσει τοῦ ποιουμένου, καὶ ἐνταῦθα οἶδε μόνον, ἄλλο δὲ ἐπὶ τὴν πρᾶξιν ἄγει· εἰ δὲ καὶ παρὰ τὴν ὄρεξιν ὁ λόγος ποιεῖ ἢ ἡ γνῶσις καὶ κρατεῖ, εἰς τί ἀναφέρει

2, 9 ἆρα Kirchhoff: ἆρ' εἰ 2, 16 εἶτ' εἰ Theiler: εἶτα

chen, die unter dem Einfluß von Giften stehen und von dadurch andringenden Vorstellungen, deren sie nicht Herr sind.
Weisen wir es aber der mit Trachten verbundenen Überlegung *12*
zu, so ist zu fragen: gilt das auch für die irrtümliche Überlegung? Nein, für die richtige Überlegung und das richtige
Trachten. Freilich erhebt sich dann hier wieder die Frage, ob
die Überlegung das Trachten in Bewegung setzt oder das
Trachten die Überlegung. Denn auch wenn die Trachtungen *13*
der Natur gemäß sind, so folgt, wenn sie dem Lebewesen und
also dem Zusammengesetzten angehören, die Seele dem Zwang
der Natur; wenn sie aber der Seele allein angehören, dann
wäre vieles von dem, was man jetzt als freie Verfügung bezeichnet, außerhalb davon. Ferner: wenn auch eine von Leidenschaften freie Überlegung heraustritt, wie überläßt dann die
Vorstellung, die sie in ihren Zwang nimmt, und das Trachten,
das sie zum Ziel der Vorstellung drängt, uns noch unter diesen Umständen die Entscheidung? Und wie können wir überhaupt die Entscheidung haben, wo wir gelenkt werden? *14*
Denn das Mangelhafte trachtet notwendigerweise nach Erfüllung und hat darum nicht die Entscheidung über das, zu dem
es sich schlechthin gelenkt sieht. Und wie kann überhaupt
ein Wesen etwas aus Eignem sein, welches von einem Anderen
herkommt, sein Prinzip auf ein Anderes zurückführt und von
jenem Anderen auch seine Beschaffenheit bekommen hat?
Denn es lebt kraft jenes Anderen und nur gemäß der Form sei- *15*
ner Konstitution; sonst würde ja auch den unbeseelten Dingen
ein Stück freier Verfügung zufallen; denn auch das Feuer wirkt
gemäß der Form seiner Gewordenheit. Soll aber dem Menschen *16*
deswegen die freie Verfügung eignen, weil sowohl sein Gesamt-
lebewesen wie seine Seele erkennt, was er tut, so erkennt er
dies entweder durch Wahrnehmung: und was soll das für die
freie Verfügung anschlagen? Denn die Wahrnehmung als
bloßes Sehen gab nicht Entscheidung über die Tat. Oder er *17*
erkennt es durch Erkenntnis: wenn dies nun eine Erkenntnis
der sich vollziehenden Tat ist, so handelt es sich auch hier um
ein bloßes Wissen und das zur Tat Drängende ist ein Anderes;
wenn es aber so steht, daß die Vernunft oder Erkenntnis sich
geradezu wider das Trachten richtet und es überwältigt, so ist

ζητητέον, καὶ ὅλως ποῦ τοῦτο συμβαίνει. καὶ εἰ μὲν αὐτὸς ἄλλην ὄρεξιν ποιεῖ, πῶς ληπτέον· εἰ δὲ τὴν ὄρεξιν παύσας ἔστη καὶ ἐνταῦθα τὸ ἐφ' ἡμῖν, οὐκ ἐν πράξει τοῦτο ἔσται, ἀλλ' ἐν νῷ στήσεται τοῦτο· ἐπεὶ καὶ τὸ ἐν πράξει πᾶν, κἂν κρατῇ ὁ λόγος, μικτὸν καὶ οὐ καθαρὸν δύναται τὸ ἐφ' ἡμῖν ἔχειν.

3 Διὸ σκεπτέον περὶ τούτων· ἤδη γὰρ ἂν καὶ ἐγγὺς γινοίμεθα τοῦ λόγου τοῦ περὶ θεῶν. ἀναγαγόντες τοίνυν τὸ ἐφ' ἡμῖν εἰς βούλησιν, εἶτα ταύτην ἐν λόγῳ θέμενοι, εἶτα ἐν λόγῳ ὀρθῷ – ἴσως δὲ δεῖ προσθεῖναι τῷ ὀρθῷ τὸ τῆς ἐπιστήμης· οὐ γάρ, εἴ τις ἐδόξασεν ὀρθῶς καὶ ἔπραξεν, ἔχοι ἂν ἴσως ἀναμφισβήτητον τὸ αὐτεξούσιον, εἰ μὴ εἰδὼς διότι ὀρθῶς, ἀλλὰ τύχῃ ἢ φαντασίᾳ τινὶ πρὸς τὸ δέον ἀχθείς· ἐπεὶ καὶ τὴν φαντασίαν οὐκ ἐφ' ἡμῖν εἶναι λέγοντες τοὺς κατ' αὐτὴν δρῶντας πῶς ἂν εἰς τὸ αὐτεξούσιον τάξαιμεν; ἀλλὰ γὰρ ἡμεῖς τὴν μὲν φαντασίαν, ἣν ἄν τις καὶ φαντασίαν κυρίως εἴποι, τὴν ἐκ τοῦ σώματος τῶν παθημάτων ἐγειρομένην – καὶ γὰρ κενώσεις σίτων καὶ ποτῶν φαντασίας οἷον ἀναπλάττουσι καὶ πληρώσεις αὖ καὶ μεστός τις σπέρματος ἄλλα φαντάζεται καὶ καθ' ἑκάστας ποιότητας ὑγρῶν τῶν ἐν σώματι – τοὺς κατὰ τὰς τοιαύτας φαντασίας ἐνεργοῦντας εἰς ἀρχὴν αὐτεξούσιον οὐ τάξομεν· διὸ καὶ τοῖς φαύλοις κατὰ ταύτας πράττουσι τὰ πολλὰ οὔτε τὸ ἐπ' αὐτοῖς οὔτε τὸ ἑκούσιον δώσομεν, τῷ δὲ διὰ νοῦ τῶν ἐνεργειῶν ἐλευθέρῳ τῶν παθημάτων τοῦ σώματος τὸ αὐτεξούσιον δώσομεν – εἰς ἀρχὴν τὸ ἐφ' ἡμῖν καλλίστην

3, 2 γινοίμεθα cod. J, Kirchhoff: γινόμεθα

zu prüfen, auf welches Prinzip sie dabei zurückgreift und überhaupt, wo dieser Akt sich vollzieht. Wenn sie dabei ferner ein *18*
neues Trachten von sich aus erzeugt, so muß erfaßt werden,
wie; wenn sie das Trachten nur zur Ruhe bringt und dann stille
steht und darin unsere freie Verfügung bestehen soll, dann
würde sich diese Verfügung nicht auf das Gebiet des Handelns
erstrecken, sondern bliebe im Reich des Geistes stehen; kann
doch überhaupt jedes Geschehen im Gebiet des Handelns, auch
wenn die Vernunft die Obmacht hat, die freie Verfügung nur
vermengt und nicht rein enthalten.

3 Diese Fragen gilt es somit zu prüfen; dabei dürften wir zu- *19*
gleich unserem Thema 'Götter' nahekommen. Wir haben also
die freie Verfügung auf den Willen zurückgeführt, haben dann
diesen als Vernunft, weiterhin als richtige Vernunft angesetzt
– hier haben wir indessen wohl noch die Bestimmung 'richtig' *20*
zu ergänzen durch den Zusatz 'Wissenschaft'; denn wenn einer
richtiges Meinen hat und dementsprechend handelt, so hat er
vielleicht noch nicht unbestritten selbständiges Handeln, es
sei denn, er wisse, weshalb sein Meinen richtig ist, sondern er
handelt dann als ein nur durch Zufall, durch eine beliebige Vorstellung zum Rechten Geleiteter; denn da wir die Vorstellung *21*
nicht als in unserer Verfügung stehend ansehen, können wir ja
schwerlich die nach ihr Handelnden unter die selbständig
Handelnden zählen; nein, wir verstehen unter der Vorstellung, die man im eigentlichen Sinne Vorstellung zu nennen
hat, die erweckt wird aus den Affektionen des Leibes – durch *22*
Leere nämlich oder Gefülltsein an Nahrung und Trank werden
jeweils neue Vorstellungen gleichsam geformt; wenn einer voll
ist von Samen, hat er andere Vorstellungen als sonst, und so je
nach der Beschaffenheit der Leibessäfte – diejenigen also, wel- *23*
che kraft derartiger Vorstellungen handeln, werden wir nicht
unter das Handeln nach selbständigem Prinzip rechnen; daher wir auch bei den niedrigen Menschen, welche zumeist kraft
ihrer handeln, weder freie Verfügung noch Freiwilligkeit an-
erkennen werden, sondern wir werden nur dem die Selbständigkeit zugestehen, der handelt vermöge der Tätigkeiten des
Geistes und frei ist von den Affektionen des Leibes, indem wir *24*
die freie Verfügung auf das edelste Prinzip zurückführen, die

ἀνάγοντες, τὴν τοῦ νοῦ ἐνέργειαν, καὶ τὰς ἐντεῦθεν προτάσεις ἐλευθέρας ὄντως [δώσομεν] καὶ τὰς ὀρέξεις τὰς ἐκ τοῦ νοεῖν ἐγειρομένας οὐκ ἀκουσίους εἶναι οἰόμενοι – καὶ τοῖς θεοῖς [τοῦτον ζῶσι τὸν τρόπον], ὅσοι νῷ καὶ ὀρέξει τῇ κατὰ νοῦν ζῶσι, φήσομεν παρεῖναι.

4 Καίτοι ζητήσειεν ἄν τις, πῶς ποτε τὸ κατ' ὄρεξιν γινόμενον αὐτεξούσιον ἔσται τῆς ὀρέξεως ἐπὶ τὸ ἔξω ἀγούσης καὶ τὸ ἐνδεὲς ἐχούσης· ἄγεται γὰρ τὸ ὀρεγόμενον, κἂν εἰ πρὸς τὸ ἀγαθὸν ἄγοιτο. καὶ δὴ καὶ περὶ τοῦ νοῦ αὐτοῦ ἀπορητέον, εἰ ὅπερ πέφυκε καὶ ὡς πέφυκεν ἐνεργῶν λέγοιτο ἂν τὸ ἐλεύθερον ἔχειν καὶ τὸ ἐπ' αὐτῷ, οὐκ ἔχων ἐπ' αὐτῷ τὸ μὴ ποιεῖν. ἔπειτα, εἰ ὅλως κυρίως λέγοιτο ἐπ' ἐκείνων τὸ ἐπ' αὐτοῖς, οἷς πρᾶξις οὐ πάρεστιν. ἀλλὰ οἷς καὶ πρᾶξις, ἡ ἀνάγκη ἔξωθεν· οὐ γὰρ μάτην πράξουσιν. ἀλλ' οὖν πῶς τὸ ἐλεύθερον δουλευόντων καὶ τούτων τῇ αὑτῶν φύσει; ἤ, εἰ μὴ ἑτέρῳ ἕπεσθαι ἠνάγκασται, πῶς ἂν τὸ δουλεύειν λέγοιτο; πῶς δὲ πρὸς τὸ ἀγαθόν τι φερόμενον ἠναγκασμένον ἂν εἴη ἑκουσίου τῆς ἐφέσεως οὔσης, εἰ εἰδὸς ὅτι ἀγαθὸν ὡς ἐπ' ἀγαθὸν ἴοι; τὸ γὰρ ἀκούσιον ἀπαγωγὴ ἀπὸ τοῦ ἀγαθοῦ καὶ πρὸς τὸ ἠναγκασμένον, εἰ πρὸς τοῦτο φέροιτο, ὃ μὴ ἀγαθὸν αὐτῷ· καὶ δουλεύει τοῦτο, ὃ μὴ κύριόν ἐστιν ἐπὶ τὸ ἀγαθὸν ἐλθεῖν, ἀλλ' ἑτέρου κρείττονος ἐφεστηκότος ἀπάγεται τῶν αὑτοῦ ἀγαθῶν δουλεῦον ἐκείνῳ. διὰ τοῦτο γὰρ καὶ δουλεία ψέγεται οὐχ οὗ τις οὐκ ἔχει ἐξουσίαν ἐπὶ τὸ κακὸν ἐλθεῖν, ἀλλ' οὗ ἐπὶ τὸ ἀγαθὸν τὸ ἑαυτοῦ, ἀγόμενος πρὸς τὸ ἀγαθὸν τὸ ἄλλου. τὸ δὲ καὶ δουλεύειν λέγειν τῇ αὑτοῦ φύσει δύο ποιοῦντός ἐστι τό τε

3, 23 del. Theiler 3, 24 οἰόμενοι Theiler: δώσομεν 3, 25 del. Theiler 4, 9 οἷς καὶ Theiler: καὶ οἷς 4, 14 εἰδὸς Theiler: εἰδὼς

Wirksamkeit des Geistes, und der Meinung sind, die von ihm ausgehenden Voraussetzungen seien wahrhaft frei und die aus dem Denken erweckten Trachtungen seien nicht unfreiwillig, und wir werden die Selbständigkeit auch den Göttern zuschreiben, die da alle nach dem Geist und dem geistgemäßen Trachten ihr Leben führen.

4 Indes erhebt sich die Frage, wie denn ein vom Trachten be- *25*
stimmtes Geschehen selbständig sein kann, wo doch das
Trachten nach außen führt und das Mangelhafte in sich hat;
denn geführt wird das Trachtende, auch wenn das Führen auf
das Gute zielt. Aber auch bezüglich des Geistes selber ergibt *26*
sich die Schwierigkeit, ob ihm, indem er als das, was er ist, und
gemäß seiner Anlage sich betätigt, die Freiheit und eigne Verfügung zugesprochen werden kann, wenn es doch nicht in seiner Verfügung steht, nicht so zu handeln. Und weiter, ob über- *27*
haupt freie Verfügung im eigentlichen Sinne bei den oberen
Wesen gelten kann, denen kein Handeln zukommt. Indes, die
Wesen, denen auch Handeln zukommt, unterliegen einem
Zwange von außen, denn ihr Handeln kann ja nicht ohne
Zweck sein. Aber wenn doch auch die oberen Wesen dem Be- *28*
fehl ihrer Anlage gehorchen, wie kann da Freiheit herrschen?
Indes, wie kann man von Gehorchen reden, wenn nicht er-
zwungen ist, einem andern zu folgen? Und wie kann ein Ding,
das sich auf das Gute hinbewegt, einem Zwange unterliegen,
wo doch, falls es im Wissen, daß es das Gute ist, als zu dem
Guten zu ihm hingeht, dies Streben ein freiwilliges ist? Denn *29*
Unfreiwilligkeit bedeutet ein Wegführen von dem Guten und
zu einem erzwungenen Ziel, wenn man zu demjenigen hinge-
führt wird, was für einen nicht gut ist; und Knechtschaft leidet
ein Wesen, welches nicht die Entscheidung hat, zum Guten zu
gelangen, sondern von einem andern, stärkeren Wesen, das
über ihm steht, von seinem eigenen Guten weggeführt wird,
weil es jenem dienen muß. Deshalb ist ja auch Knechtschaft *30*
verwerflich, nicht wo einer nicht die Vollmacht hat, zum Bösen zu gelangen, sondern wo er nicht zu seinem Guten gelangen kann, da er zu dem Guten eines andern Wesens geführt
wird. Wenn man ferner von Knechtschaft der eigenen An- *31*
lage gegenüber spricht, so setzt man damit zwei Subjekte, das-

δουλεῦον καὶ τὸ ᾧ. φύσις δὲ ἁπλῆ καὶ ἐνέργεια μία καὶ οὐδὲ τὸ δυνάμει ἔχουσα ἄλλο, ἄλλο δὲ τὸ ἐνεργείᾳ, πῶς οὐκ ἐλευθέρα; οὐδὲ γὰρ ὡς πέφυκε λέγοιτο ἂν ἐνεργεῖν ἄλλης οὔσης τῆς οὐσίας, τῆς δὲ ἐνεργείας ἄλλης, εἴπερ τὸ αὐτὸ τὸ εἶναι ἐκεῖ καὶ τὸ ἐνεργεῖν. εἰ οὖν οὔτε δι' ἕτερον οὔτε ἐφ' ἑτέρῳ, πῶς οὐκ ἐλευθέρα; καὶ εἰ μὴ τὸ ἐπ' αὐτῷ ἁρμόσει, ἀλλὰ μεῖζον ἐνταῦθα τοῦ ἐπ' αὐτῷ, καὶ οὕτως ἐπ' αὐτῷ, ὅτι μὴ ἐφ' ἑτέρῳ μηδ' ἄλλο τῆς ἐνεργείας κύριον· οὐδὲ γὰρ τῆς οὐσίας, εἴπερ ἀρχή. καὶ εἰ ἄλλην δὲ ὁ νοῦς ἀρχὴν ἔχει, ἀλλ' οὐκ ἔξω αὐτοῦ, ἀλλ' ἐν τῷ ἀγαθῷ. καὶ εἰ κατ' ἐκεῖνο τὸ ἀγαθόν, πολὺ μᾶλλον ⟨τὸ⟩ ἐπ' αὐτῷ καὶ τὸ ἐλεύθερον· ἐπεὶ καὶ τὸ ἐλεύθερον καὶ τὸ ἐπ' αὐτῷ τις ζητεῖ τοῦ ἀγαθοῦ χάριν. εἰ οὖν κατὰ τὸ ἀγαθὸν ἐνεργεῖ, μᾶλλον ἂν τὸ ἐπ' αὐτῷ· ἤδη γὰρ ἔχει τὸ πρὸς αὐτὸ ἐξ αὐτοῦ ὁρμώμενον, καὶ ἐν αὐτῷ, εἴπερ πρὸς αὐτό, ὃ ἄμεινον ἂν εἴη αὐτῷ [ἐν αὐτῷ ἂν εἶναι, εἴπερ πρὸς αὐτό].

5 Ἆρ' οὖν ἐν νῷ μόνῳ νοοῦντι τὸ αὐτεξούσιον καὶ τὸ ἐπ' αὐτῷ καὶ ἐν νῷ τῷ καθαρῷ ἢ καὶ ἐν ψυχῇ κατὰ νοῦν ἐνεργούσῃ καὶ κατὰ ἀρετὴν πραττούσῃ; τὸ μὲν οὖν πραττούσῃ εἴπερ δώσομεν, πρῶτον μὲν οὐ πρὸς τὴν τεῦξιν ἴσως χρὴ διδόναι· οὐ γὰρ ἡμεῖς τοῦ τυχεῖν κύριοι. εἰ δὲ πρὸς τὸ καλῶς καὶ τὸ πάντα ποιῆσαι τὰ παρ' αὐτοῦ, τάχα μὲν ἂν τοῦτο ὀρθῶς λέγοιτο. ἐκεῖνο δὲ πῶς ἐφ' ἡμῖν; οἷον εἰ, διότι πόλεμος, ἀνδριζοίμεθα· λέγω δὲ τὴν τότε ἐνέργειαν πῶς ἐφ' ἡμῖν, ὁπότε πολέμου μὴ καταλαβόντος οὐκ ἦν τὴν ἐνέργειαν ταύτην ποιήσασθαι;

4, 35 add. Kirchhoff 4, 38 ὁρμώμενον Kirchhoff: ὁρώμενον 4, 39 s. del. Kirchhoff

jenige, das Knecht ist, und das, dem es gehorcht. Eine Wesenheit aber, deren Anlage einfach ist und deren Verwirklichung
einheitlich, die nicht in ein potentielles und ein verwirklichtes
Stück zerfällt: wie sollte sie nicht frei sein? Man kann nicht 32
einmal von ihr sagen, daß sie nach ihrer Anlage sich verwirklicht, als sei ihre Seinsheit von ihrer Verwirklichung zu unterscheiden, wenn denn dort oben das Sein und das Verwirklichen
identisch sind. Wenn sie nun nicht auf Grund eines anderen
besteht noch in der Verfügung eines andern steht, wie sollte
sie nicht frei sein? Auch wenn der Begriff der freien Verfügung hier nicht paßt, sondern hier ein Höheres vorliegt als freie
Verfügung, so trifft auch so freie Verfügung zu, weil die ein-
fache Wesenheit nicht unter der Verfügung eines andern steht,
kein anderes Wesen über ihre Verwirklichung Herr ist; es ist ja
auch niemand über ihre Seinsheit Herr, wenn anders sie Prinzip ist. Aber auch wenn der Geist etwas Anderes zum Prinzip 33
hat, so liegt dieses doch nicht außerhalb seiner, sondern im
Guten; und wenn er sich an Jenes Gute anlehnt, so hat er noch
weit mehr die freie Verfügung und die Freiheit; denn nach
Freiheit und freier Verfügung verlangt man um des Guten willen. Wenn er also im Sinne des Guten sich betätigt, so dürfte 34
er noch mehr die freie Verfügung haben; denn er hat bereits
das, was von sich aus zu Jenem strebt und in ihm ist, wenn er
denn zu Jenem strebt, was für ihn das Bessere sein dürfte.

Ist denn nun die Selbstbestimmung und freie Verfügung le- 35
diglich im Geist, welcher denkt, im reinen Geist, oder auch in
der Seele, welche im Sinne des Geistes sich betätigt und im
Sinne der Tugend handelt? Wollen wir dies der handelnden
Seele zugestehen, so darf man es wohl erstlich nicht zur Erlangung des Handlungszieles zugestehen; denn dieser Erlangung
sind wir Menschen nicht Herr. Sollen wir es aber zugestehen 36
zur edlen Handlung, zum Verrichten alles dessen, was von
einem selbst ausgeht, so ist insoweit ja wohl zuzustimmen.
Jenes Andere dagegen kann unmöglich in unserer Verfügung
stehen; wir zeigen uns beispielsweise tapfer, weil Krieg ist;
da meine ich, kann die dann stattfindende Betätigung unmög- 37
lich in unserer Verfügung stehen, denn wenn kein Krieg eingetreten wäre, wäre es unmöglich gewesen, diese Betätigung zu

ὁμοίως δὲ καὶ ἐπὶ τῶν ἄλλων πράξεων τῶν κατὰ ἀρετὴν ἁπασῶν, πρὸς τὸ πῖπτον ἀεὶ ἀναγκαζομένης τῆς ἀρετῆς τοδὶ ἢ τοδὶ ἐργάζεσθαι. καὶ γὰρ εἴ τις αἵρεσιν αὐτῇ δοίη τῇ ἀρετῇ, πότερα βούλεται, ἵν' ἔχῃ ἐνεργεῖν, εἶναι πολέμους, ἵνα ἀνδρίζοιτο, καὶ εἶναι ἀδικίαν, ἵνα τὰ δίκαια ὁρίζῃ καὶ κατακοσμῇ, καὶ πενίαν, ἵνα τὸ ἐλευθέριον ἐνδεικνύοιτο, ἢ πάντων εὖ ἐχόντων ἡσυχίαν ἄγειν, ἕλοιτο ἂν τὴν ἡσυχίαν τῶν πράξεων, οὐδενὸς θεραπείας δεομένου τῆς παρ' αὐτῆς, ὥσπερ ἂν εἴ τις ἰατρός, οἷον Ἱπποκράτης, μηδένα δεῖσθαι τῆς παρ' αὐτοῦ τέχνης. εἰ οὖν ἐνεργοῦσα ἐν ταῖς πράξεσιν ἡ ἀρετὴ ἠνάγκασται βοηθεῖν, πῶς ἂν καθαρῶς ἔχοι τὸ ἐπ' αὐτῇ; ἆρ' οὖν τὰς πράξεις μὲν ἀναγκαίας, τὴν δὲ βούλησιν τὴν πρὸ τῶν πράξεων καὶ τὸν λόγον οὐκ ἠναγκασμένον φήσομεν; ἀλλ' εἰ τοῦτο, ἐν ψιλῷ τιθέμενοι τῷ πρὸ τοῦ πραττομένου, ἔξω τῆς πράξεως τὸ αὐτεξούσιον καὶ τὸ ἐπ' αὐτῇ [τῇ ἀρετῇ] θήσομεν. τί δὲ ἐπ' αὐτῆς τῆς ἀρετῆς τῆς κατὰ τὴν ἕξιν καὶ τὴν διάθεσιν; ἆρ' οὐ κακῶς ψυχῆς ἐχούσης φήσομεν αὐτὴν εἰς κατακόσμησιν ἐλθεῖν συμμετρουμένην τὰ πάθη καὶ τὰς ὀρέξεις; τίνα οὖν τρόπον λέγομεν ἐφ' ἡμῖν τὸ ἀγαθοῖς εἶναι καὶ τὸ ἀ δ έ σ π ο τ ο ν τὴν ἀ ρ ε τ ή ν; ἢ τοῖς γε βουληθεῖσι καὶ ἑλομένοις· ἢ ὅτι ἐγγενομένη αὕτη κατασκευάζει τὸ ἐλεύθερον καὶ τὸ ἐφ' ἡμῖν καὶ οὐκ ἐᾷ ἔτι δούλους εἶναι, ὧν πρότερον ἦμεν. εἰ οὖν οἷον νοῦς τις ἄλλος ἐστὶν ἡ ἀρετὴ καὶ ἕξις οἷον νοωθῆναι τὴν ψυχὴν ποιοῦσα, πάλιν αὖ ἥκει οὐκ ἐν πράξει τὸ ἐφ' ἡμῖν, ἀλλ' ἐν νῷ ἡσύχῳ τῶν πράξεων.

Πῶς οὖν εἰς βούλησιν πρότερον ἀνήγομεν τοῦτο 6
λέγοντες «ὃ παρὰ τὸ βουληθῆναι γένοιτο ἄν»; ἢ κἀκεῖ

5, 19 τῆς cod. J, Kirchhoff: τοῦ 5, 26 del. Beutler

vollziehen; so ist auch sonst bei jeglichem tugendgemäßen
Handeln die Tugend gezwungen, nach dem jeweils Vorfälligen
dies oder das zu tun. Denn möchte man der Tugend selber die 38
Wahl geben, ob sie, um in Tätigkeit zu treten, will, daß es
Kriege gebe, damit sie sich tapfer zeigen kann, daß es Unrecht
gebe, damit sie das Gerechte bestimme und Ordnung schaffe,
und Armut, damit sie Freigebigkeit beweisen könne, oder ob
alles wohlbestellt sein solle, daß sie sich untätig halten könne:
dann würde sie sich für die Ruhe von den Tätigkeiten entschei- 39
den, wo niemand eines von ihr kommenden Beistandes bedürf-
te, so wie wohl ein Arzt wie Hippokrates wünschen möchte,
daß keiner seiner Kunst bedürfe. Wenn also die Tugend im
Reich des Handelns wirkend gezwungen ist, Hilfe zu leisten,
wie kann sie da rein die freie Verfügung besitzen? Sollen wir 40
aber vielleicht zwar die Handlungen dem Zwange unterwer-
fen, den Willen dagegen, der vor den Handlungen liegt, und
die Vernunft nicht dem Zwange unterworfen sein lassen? Indessen, damit würden wir die Selbstbestimmung und die freie
Verfügung der Seele, indem wir sie rein in das Gebiet vor der
getanen Tat verlegten, außerhalb des Handelns ansetzen. Wie 41
steht es aber mit der Tugend selber, die in Verhalten und bestimmter Disposition besteht? Müssen wir nicht zugeben, daß
sie, während die Seele in einem bösen Zustand ist, kommt und
sie ordnet, indem sie den Leidenschaften und dem Trachten
Maß und Verhältnis gibt? In welchem Sinne dürfen wir da sa- 42
gen, es stehe in unserer Verfügung, gut zu sein, und 'die Tugend sei keinem Herren dienstbar'? Nun, es steht bei uns, sofern wir es wollen und wählen; oder auch weil eben die Tugend
durch ihren Eintritt die Freiheit und freie Verfügung herstellt
und uns nicht mehr Knechte der Dinge sein läßt, denen wir
zuvor dienten. Wenn nun dann die Tugend gleichsam ein zwei- 43
ter Geist ist, eine Haltung, welche die Seele gleichsam zu Geist
werden läßt, dann ergibt sich wiederum, daß unsere freie Verfügung nicht im Handeln statthat, sondern im Geist, der in
Ruhe vor Handlungen ist.

6 Indessen, wie konnten wir dann vorhin die freie Verfügung 44
auf den Willen zurückführen, indem wir sagten: 'was insoweit
geschieht, als wir es wollen'? Nun, auch dort hieß es: 'oder

ἐλέγετο «ἢ μὴ γένοιτο». εἰ οὖν τά τε νῦν ὀρθῶς λέγεται, ἐκεῖνά τε τούτοις συμφώνως ἕξει, φήσομεν τὴν μὲν ἀρετὴν καὶ τὸν νοῦν κύρια εἶναι καὶ εἰς ταῦτα χρῆναι ἀνάγειν τὸ ἐφ' ἡμῖν καὶ τὸ ἐλεύθερον· ἀδέσποτα δὲ ὄντα ταῦτα τὸν μὲν ἐφ' αὑτοῦ εἶναι, τὴν δὲ ἀρετὴν βούλεσθαι μὲν ἐφ' αὑτῆς εἶναι ἐφεστῶσαν τῇ ψυχῇ, ὥστε εἶναι ἀγαθήν, καὶ μέχρι τούτου αὐτήν τε ἐλευθέραν καὶ τὴν ψυχὴν ἐλευθέραν παρασχέσθαι· προσπιπτόντων δὲ τῶν ἀναγκαίων παθημάτων τε καὶ πράξεων ἐφεστῶσαν ταῦτα μὲν μὴ βεβουλῆσθαι γενέσθαι, ὅμως γε μὴν καὶ ἐν τούτοις διασώσειν τὸ ἐφ' αὑτῇ εἰς αὑτὴν καὶ ἐνταῦθα ἀναφέρουσαν· οὐ γὰρ τοῖς πράγμασιν ἐφέψεσθαι, οἷον σῴζουσαν τὸν κινδυνεύοντα, ἀλλ' εἰ δοκεῖ αὐτῇ, καὶ προϊεμένην τοῦτον καὶ τὸ ζῆν κελεύουσαν προΐεσθαι καὶ χρήματα καὶ τέκνα καὶ αὐτὴν ⟨τὴν⟩ πατρίδα, σκοπὸν τὸ καλὸν αὑτῆς ἔχουσαν, ἀλλ' οὐ τὸ εἶναι τῶν ὑπ' αὐτήν· ὥστε καὶ τὸ ἐν ταῖς πράξεσιν αὐτεξούσιον καὶ τὸ ἐφ' ἡμῖν οὐκ εἰς τὸ πράττειν ἀνάγεσθαι οὐδ' εἰς τὴν ἔξω, ἀλλ' εἰς τὴν ἐντὸς ἐνέργειαν καὶ νόησιν καὶ θεωρίαν αὐτῆς τῆς ἀρετῆς. δεῖ δὲ τὴν ἀρετὴν ταύτην νοῦν τινα λέγειν εἶναι οὐ συναριθμοῦντα τὰ πάθη τὰ δουλωθέντα ἢ μετρηθέντα τῷ λόγῳ· ταῦτα γὰρ ἔοικε, φησίν, ἐ γ γ ύ ς τ ι τείνειν τ ο ῦ σ ώ μ α τ ο ς ἔ θ ε σ ι κ α ὶ ἀ σ κ ή σ ε σ ι κατορθωθέντα. ὥστε εἶναι σαφέστερον, ὡς τὸ ἄυλόν ἐστι τὸ ἐλεύθερον καὶ εἰς τοῦτο ἡ ἀναγωγὴ τοῦ ἐφ' ἡμῖν καὶ αὕτη ἡ βούλησις ἡ κυρία καὶ ἐφ' ἑαυτῆς οὖσα, καὶ εἴ τι ἐπιτάξειε πρὸς τὰ ἔξω ἐξ ἀνάγκης. ὅσα οὖν ἐκ ταύτης καὶ διὰ ταύτην, ἐφ' ἡμῖν [ἔξω τε], καὶ ἐξ αὐτῆς ὃ αὐτὴ βούλεται καὶ ἐνεργεῖ ἀνεμποδίστως, τοῦτο καὶ πρῶτον ἐφ' ἡμῖν. ὁ δὲ θεωρητικὸς νοῦς καὶ πρῶτος οὕτω τὸ ἐφ' αὑτῷ, ὅτι τὸ ἔργον αὐτοῦ μηδαμῶς ἐπ' ἄλλῳ, ἀλλὰ πᾶς

6, 12 βεβουλῆσθαι cod. J, Ficinus, Sleeman: βεβουλεῦσθαι 6, 15 σῴζουσαν Kirchhoff: σῴζουσα 6, 17 add. Kirchhoff 6, 30 del. Theiler ἐξ Theiler: ἐφ'

nicht geschieht'. Ist nun das jetzt Dargelegte richtig und soll
zugleich das vorhin Bemerkte damit übereinstimmen, so müssen wir sagen, daß die Tugend und der Geist die Entschei-
dungsmacht haben und daß auf sie die freie Verfügung und die
Freiheit zurückgeführt werden müssen; indem nun diese bei- *45*
den keinem Herren dienstbar sind, besteht der Geist auf sich
selber, die Tugend aber hat den Willen, auf sich selber zu bestehen, indem sie über die Seele waltet, so daß diese eine gute
Seele wird, und bis zu dieser Grenze ist sie selbst frei und
macht auch die Seele frei; wenn dann aber die notwendigen *46*
Leidenschaften sowohl wie die Taten sich einstellen, so hat sie,
die obwaltende, zwar nicht gewollt, daß diese daseien, trotz-
dem wird sie auch so ihre freie Verfügung sich erhalten, indem
sie sie auch hier auf sich selbst zurückführt: sie richtet sich nicht *47*
nach den Ereignissen, z.B. indem sie den in Gefahr Befindlichen rettet, sondern, wenn es ihr gut dünkt, läßt sie ihn fahren, heißt ihn Leben und Gut und Kinder fahren lassen und
selbst das Vaterland; denn sie hat als Richtschnur das Edle
ihrer selbst und nicht die Existenz des ihr Untergeordneten.
Mithin führt sich auch in den Handlungen die Selbstbestim- *48*
mung und freie Verfügung nicht auf das Handeln und nicht
auf die äußere Betätigung zurück, sondern auf die innere Betätigung der Tugend selbst, auf ihr Denken und ihre Betrachtung. Diese Tugend wird man angemessen eine Art von Geist *49*
nennen, wobei man die Leidenschaften, welche von der Vernunft unterworfen oder ins Maß gebracht wurden, nicht ein-
rechnet; denn diese 'reichen', wie es heißt, 'in die Nähe des
Leibes, durch Gewohnheit und Übung' zurechtgerückt. Noch *50*
deutlicher wird man folglich sagen: Das Materiefreie ist das
Freie, darauf führt sich unsere freie Verfügung zurück, es ist
der entscheidungsmächtige Wille, der auch dann bei sich selber bleibt, wenn er aus Notwendigkeit einen Auftrag nach
außen gibt. Alles nun, was aus diesem Willen kommt und um *51*
seinetwillen geschieht, ist in unserer Verfügungsgewalt, und
was er von sich aus selbst will und ungehindert verwirklicht,
das ist vollends primär in unserer Verfügungsgewalt. Der be-
trachtende aber, der erste Geist ist insofern das in seiner Ge- *52*
walt Stehende, als sein Geschäft keinesfalls in der Gewalt

ἐπέστραπται πρὸς αὐτὸν καὶ τὸ ἔργον αὐτοῦ αὐτὸς καὶ ἐν τῷ ἀγαθῷ κείμενος ἀνενδεὴς καὶ πλήρης ὑπάρχων καὶ οἷον κατὰ βούλησιν ζῶν· ἡ δὲ βούλησις ἡ νόησις, βούλησις δ' ἐλέχθη, ὅτι κατὰ νοῦν· καὶ γὰρ ⟨ἡ⟩ λεγομένη βούλησις τὸ κατὰ νοῦν μιμεῖται. ἡ γὰρ βούλησις θέλει τὸ ἀγαθόν· τὸ δὲ νοεῖν ἀληθῶς ἐστιν ἐν τῷ ἀγαθῷ. ἔχει οὖν ἐκεῖνος, ὅπερ ἡ βούλησις θέλει καὶ οὗ τυχοῦσα ἂν ταύτῃ νόησις γίνεται. εἰ οὖν βουλήσει τοῦ ἀγαθοῦ τίθεμεν τὸ ἐφ' ἡμῖν, τὸ ἤδη ἐν ᾧ θέλει ἡ βούλησις εἶναι ἱδρυμένον πῶς οὐ τὸ ἐφ' αὐτῷ ἔχει; ἢ μεῖζον εἶναι θετέον, εἰ μή τις ἐθέλει εἰς τοῦτο ἀναβαίνειν τὸ ἐφ' αὐτῷ.

Γίνεται οὖν ψυχὴ μὲν ἐλευθέρα διὰ νοῦ πρὸς τὸ 7
ἀγαθὸν σπεύδουσα ἀνεμποδίστως, καὶ ὃ διὰ τοῦτο ποιεῖ, ἐφ' αὐτῇ· νοῦς δὲ δι' αὐτόν· ἡ δὲ τοῦ ἀγαθοῦ φύσις αὐτὸ τὸ ἐφετὸν καὶ δι' ὃ τὰ ἄλλα ἔχει τὸ ἐφ' αὐτοῖς, ὅταν τὸ μὲν τυγχάνειν ἀνεμποδίστως δύνηται, τὸ δὲ ἔχειν, πῶς δὴ αὐτὸ τὸ κύριον ἁπάντων τῶν μετ' αὐτὸ τιμίων καὶ ἐν πρώτῃ ἕδρᾳ ὄν, πρὸς ὃ τὰ ἄλλα ἀναβαίνειν θέλει καὶ ἐξήρτηται αὐτοῦ καὶ τὰς δυνάμεις ἔχει παρ' αὐτοῦ, ὥστε δύνασθαι τὸ ἐπ' αὐτοῖς ἔχειν, πῶς ἄν τις εἰς τὸ ἐπ' ἐμοὶ ἢ ἐπὶ σοὶ ἄγοι; ὅπου καὶ νοῦς μόλις, ὅμως δὲ βίᾳ εἵλκετο. εἰ μή τις τολμηρὸς λόγος ἑτέρωθεν σταλεὶς λέγοι, ὡς τυχοῦσα οὕτως ἔχειν, ὡς ἔχει, καὶ οὐκ οὖσα κυρία. τοῦ ὅ ἐστιν, οὖσα τοῦτο ὅ ἐστιν οὐ παρ' αὐτῆς οὔτε τὸ ἐλεύθερον ἂν ἔχοι οὔτε τὸ ἐπ' αὐτῇ ποιοῦσα ἢ μὴ ποιοῦσα, ὃ ἠνάγκασται ποιεῖν ἢ μὴ ποιεῖν. ὃς δὴ λόγος ἀντίτυπός τε καὶ ἄπορος καὶ παντάπασι τὴν τοῦ ἑκουσίου τε καὶ αὐτεξουσίου φύσιν καὶ τὴν ἔννοιαν τοῦ ἐφ' ἡμῖν εἴη ἂν ἀναιρῶν, ὡς μάτην εἶναι ταῦτα λεγόμενα καὶ φωνὰς πραγμάτων ἀνυποστάτων.

6, 37 add. Kirchhoff 6, 42 τίθεμεν Theiler: ἐτίθεμεν 7, 19 λεγόμενα Kirchhoff: λέγεσθαι

eines Anderen steht, sondern er ist ganz auf sich selbst ge-
wendet, er selbst ist sich selbst Geschäft, er ruht im Guten; so
ist er ohne Bedürfen und in der Erfüllung, er lebt gleichsam
nach seinem Willen; sein Wille aber ist sein Denken, welches *53*
Wille genannt wird, weil es im Sinne des Geistes sich vollzieht.
Ist doch, was wir sonst Wille nennen, eine Nachbildung dessen, was ‘im Sinne des Geistes’ ist; denn der Wille will das Gute,
und das Denken ist wahrhaft im Guten. So besitzt also der
Geist, was sein Wille will, und wenn der Wille es erlangt, wird
er damit zum Denken. Wenn wir nun die freie Verfügung mit *54*
dem Willen zum Guten in eins setzen, dann muß ein Wesen,
welches bereits dort, wo der Wille sein möchte, seinen Sitz hat,
unzweifelhaft die freie Verfügung besitzen. Oder es ist etwas
Höheres anzusetzen, wenn man nicht bis dorthin die Verfügungsgewalt aufsteigen lassen will.

7 So wird also die Seele frei, wenn sie vermöge des Geistes *55*
ungehindert zum Guten strebt, und in Bezug auf das, was sie
darum tut, steht sie in ihrer freien Verfügung; der Geist ist
frei auf Grund seiner selbst; die Wesenheit aber des Guten ist
selber das Ziel des Strebens, vermöge dessen die übrigen die
freie Verfügung besitzen, wenn sie es ungehindert teils zu er-
langen vermögen, teils aber zu besitzen; wie kann dann dies *56*
Wesen, welches selber die Vollmacht hat über alle die hohen
Werte nach ihm und auf dem höchsten Throne sitzt, zu dem
die andern aufzusteigen wünschen, von dem sie abhängen und
ihre Kräfte bekommen, so daß sie die freie Verfügung besitzen
können, wie kann man dies Wesen hinableiten auf das, was
meine oder deine freie Verfügung ist? Wo schon der Geist nur
knapp, schließlich mit Gewalt sich dahin hinabziehen ließ! Es *57*
sei denn, eine verwegene Rede wolle die Sache von der Gegenseite anfassen und behaupten, dieses Wesen sei in seinem Zustande nur von Ungefähr, habe nicht Vollmacht über das, was
es ist, sei das, was es ist, nicht aus sich selber und besitze daher
weder Freiheit noch freie Verfügung, indem es tue oder nicht
tue, was zu tun oder nicht zu tun es gezwungen sei. Diese Rede *58*
ist widersetzlich und widerspruchsvoll, sie hebt ja vollkommen
das Wesen von freiwillig und selbstbestimmt und den Begriff
der freien Verfügung auf, als wäre das unnützes Gerede und

οὐ γὰρ μόνον μηδὲν ἐπὶ μηδενὶ εἶναι λέγειν, ἀλλ' οὐδὲ νοεῖν οὐδὲ συνιέναι ἀναγκαῖον αὐτῷ λέγειν ταύτην τὴν φωνήν. εἰ δὲ ὁμολογεῖ συνιέναι, ἤδη ἂν ῥᾳδίως ἐλέγχοιτο τῆς ἐννοίας τοῦ ἐφ' ἡμῖν ἐφαρμοζομένης οἷς ἐφαρμόττειν οὐκ ἔφη. ἡ γὰρ ἔννοια τὴν οὐσίαν οὐ πολυπραγμονεῖ οὐδὲ ἐκείνην προσπαραλαμβάνει – ἀδύνατον γὰρ ἑαυτό τι ποιεῖν καὶ εἰς ὑπόστασιν ἄγειν – ἀλλὰ ἐθέλει θεωρεῖν ἡ ἐπίνοια, τί τῶν ὄντων δοῦλον ἑτέρων, καὶ τί ἔχει τὸ αὐτεξούσιον, καὶ τί μὴ ὑπ' ἄλλῳ, ἀλλ' αὐτὸ τῆς ἐνεργείας κύριον, ὃ καθαρῶς τοῖς ἀιδίοις ὑπάρχει [καὶ τοῖς] καθό εἰσιν ἀίδιοι [καὶ], τοῖς ἀκωλύτως τὸ ἀγαθὸν διώκουσιν ἢ ἔχουσιν. ὑπὲρ δὴ ταῦτα τοῦ ἀγαθοῦ αὐτοῦ ὄντος οἷον ἄλλο παρ' αὐτὸ ἀγαθὸν ζητεῖν ἄτοπον. ἐπεὶ καὶ τὸ κατὰ τύχην λέγειν αὐτὸ εἶναι οὐκ ὀρθόν· ἐν γὰρ τοῖς ὕστερον καὶ ἐν πολλοῖς ἡ τύχη· τὸ δὲ πρῶτον οὔτε κατὰ τύχην ἂν λέγοιμεν, οὔτε οὐ κύριον τῆς αὑτοῦ γενέσεως, ὅτι μηδὲ γέγονε. τὸ δὲ ὅτι ὡς ἔχει ποιεῖ ἄτοπον, εἴ τις ἀξιοῖ τότε εἶναι τὸ ἐλεύθερον, ὅταν παρὰ φύσιν ποιῇ ἢ ἐνεργῇ. οὐδὲ δὴ τὸ τὸ μοναχὸν ἔχον ἀφῄρηται τῆς ἐξουσίας, εἰ τὸ μοναχὸν μὴ τῷ κωλύεσθαι παρ' ἄλλου ἔχοι, ἀλλὰ τῷ τοῦτο αὐτὸ εἶναι καὶ οἷον ἀρέσκειν ἑαυτῷ καὶ μὴ ἔχειν ὅ τι κρεῖττον αὑτοῦ· ἢ οὕτω γε τὸ μάλιστα τυγχάνον τοῦ ἀγαθοῦ ἀφαιρήσεταί τις τὸ αὐτεξούσιον. εἰ δὲ τοῦτο ἄτοπον, ἀτοπώτερον ἂν γίνοιτο αὐτὸ τὸ ἀγαθὸν ἀποστερεῖν τοῦ αὐτεξουσίου, ὅτι ἀγαθὸν καὶ ὅτι ἐφ' αὑτοῦ μένει οὐ δεόμενον κινεῖσθαι πρὸς ἄλλο τῶν ἄλλων κινουμένων πρὸς αὐτὸ καὶ οὐδὲν δεόμενον οὐδενός. ὅταν δὲ

7, 29 del. Kirchhoff 7, 30 del. Harder 7, 38 τὸ[2] Creuzer: τὸν

leere Worte von nichtvorhandenen Dingen. Dieser Gegner *59*
muß dann nämlich behaupten, nicht nur daß kein Wesen irgend etwas in seiner Verfügung hat, sondern auch daß man die
Bezeichnung 'freie Verfügung' überhaupt nicht denken und
verstehen könne. Gibt er aber zu, sie zu verstehen, dann kann
er leicht widerlegt werden, indem der Begriff 'freie Verfügung'
auf Dinge paßt, auf die er nach seiner Behauptung nicht pas-
sen soll. Der Begriff nämlich bezieht die Existenz nicht mit *60*
hinein und setzt sie nicht von sich aus – denn es ist unmöglich,
daß etwas sich selber erzeuge und zur Existenz führe –, sondern der Begriff will feststellen, welche von den seienden Dingen anderen unterworfen sind und welche Selbständigkeit besitzen und keinem anderen unterstehen, sondern selbst die
Entscheidung über ihre Betätigung haben. Dies aber kommt *61*
in reiner Form den ewigen Wesen zu, insofern sie ewig sind, denen, welche ungehindert dem Guten nachgehen oder es besitzen. Und da über ihnen das Gute selber steht, ist es unsinnig,
noch nach einem weiteren Guten außer diesem zu suchen. Fer- *62*
ner ist es auch nicht richtig zu behaupten, es sei von ungefähr,
denn das Ungefähr waltet unter den späteren Dingen und in
der Vielheit; vom Ersten aber können wir nicht sagen, es sei
von ungefähr oder nicht Herr über seine eigne Entstehung,
denn es ist überhaupt nicht entstanden. Das Argument ferner, *63*
es handle, wie es seinem Wesenszustand entspreche, ist unsinnig; es hieße behaupten, Freiheit liege dann vor, wenn man
wider seine Anlage handle oder wirke. So ist ja auch ein Ding,
das die Eigenschaft der Einzigartigkeit besitzt, nicht der Selbständigkeit beraubt, wenn es diese Einzigartigkeit nicht dadurch hat, daß es von einem anderen Hinderung erfährt, sondern dadurch, daß es eben diese Eigenschaft hat, gleichsam
Gefallen an sich selber hat und daß es nichts hat, was ihm an
Wert überlegen wäre. Man würde ja so dem Wesen, welches *64*
mehr als alle anderen am Guten Teil erhält, die Selbständigkeit absprechen. Wenn das unsinnig ist, so wäre es ja wohl
noch unsinniger, dem Guten die Selbständigkeit deshalb ab-
zusprechen, weil es gut ist, weil es bei sich selber bleibt und
nicht nötig hat, sich zu einem Anderen hinzubewegen, da die
anderen Dinge sich zu ihm hinbewegen, und weil es keinerlei

δὴ ἡ οἷον ὑπόστασις αὐτοῦ ἡ οἷον ἐνέργεια ᾖ – οὐ γὰρ ἡ μὲν ἕτερον, ἡ δ' ἕτερόν ἐστιν, εἴ γε μηδὲ ἐπὶ τοῦ νοῦ τοῦτο – οὔ τι μᾶλλον κατὰ τὸ εἶναι ἡ ἐνέργεια ἢ κατὰ τὴν ἐνέργειαν τὸ εἶναι, ὥστε οὐκ ἔχει τὸ ὡς πέφυκεν ἐνεργεῖν, οὐδὲ ἡ ἐνέργεια καὶ ἡ οἷον ζωὴ ἀνενεχθήσεται εἰς τὴν οἷον οὐσίαν, ἀλλ' ἡ οἷον οὐσία συνοῦσα καὶ οἷον συγγενομένη ἐξ ἀιδίου τῇ ἐνεργείᾳ ἐξ ἀμφοῖν αὐτὸ αὐτὸ ποιεῖ [καὶ ἑαυτοῦ καὶ οὐδενός].

Ἡμεῖς δὲ θεωροῦμεν οὐ συμβεβηκὸς τὸ αὐτεξ- 8
ούσιον ἐκείνῳ, ἀλλὰ ἀπὸ τῶν περὶ τὰ ἄλλα αὐτεξουσίων ἀφαιρέσει τῶν ἐναντίων [αὐτὸ ἐφ' ἑαυτό] πρὸς αὐτὸ τὰ ἐλάττω ἀπὸ ἐλαττόνων μεταφέροντες ἀδυναμίᾳ τοῦ τυχεῖν τῶν ἃ προσήκει λέγειν περὶ αὐτοῦ, ταῦτα ἂν περὶ αὐτοῦ εἴποιμεν. καίτοι οὐδὲν ἂν εὕροιμεν εἰπεῖν οὐχ ὅτι κατ' αὐτοῦ, ἀλλ' οὐδὲ περὶ αὐτοῦ κυρίως· πάντα γὰρ ἐκείνου καὶ τὰ καλὰ καὶ τὰ σεμνὰ ὕστερα. τούτων γὰρ αὐτὸς ἀρχή· καίτοι ἄλλον τρόπον οὐκ ἀρχή. ἀποτιθεμένοις δὴ πάντα καὶ τὸ ἐπ' αὐτῷ ὡς ὕστερον καὶ τὸ αὐτεξούσιον – ἤδη γὰρ εἰς ἄλλο ἐνέργειαν λέγει – καὶ ὅτι ἀνεμποδίστως καὶ ὄντων ἄλλων τὸ εἰς αὐτὰ ἀκωλύτως. δεῖ δὲ ὅλως πρὸς οὐδὲν αὐτὸν λέγειν· ἔστι γὰρ ὅπερ ἐστὶ καὶ πρὸ αὐτῶν· ἐπεὶ καὶ τὸ «ἔστιν» ἀφαιροῦμεν, ὥστε καὶ τὸ πρὸς τὰ ὄντα ὁπωσοῦν· οὐδὲ δὴ τὸ «ὡς πέφυκεν»· ὕστερον γὰρ καὶ τοῦτο, καὶ εἰ λέγοιτο καὶ ἐπ' ἐκείνων, ἐπὶ τῶν ἐξ ἄλλου ἂν λέγοιτο, ὥστε πρώτως ἐπὶ τῆς οὐσίας, ὅτι ἐξ ἐκείνου ἔφυ· εἰ δ' ἐν τοῖς ἐν χρόνῳ ἡ φύσις, οὐδ' ἐπὶ τῆς οὐσίας. οὐδὲ δὴ τὸ «οὐ παρ' αὐτῆς εἶναι» λεκτέον· τό

7, 49 οὔ τι Kirchhoff: ὅτι 7, 54 del. Theiler 8, 3 del. Beutler

Dinges irgend bedürftig ist. Da nun aber das, was man seine 65
'Existenz' nennen könnte, mit seiner 'Wirksamkeit' identisch
ist – sie sind nicht voneinander verschieden, sind es ja selbst
beim Geist nicht –, so ist seine Wirksamkeit ebensowenig durch
sein Sein bestimmt wie sein Sein durch die Wirksamkeit: es 66
eignet ihm also nicht eine seiner Naturbeschaffenheit entsprechende Wirksamkeit, seine Wirksamkeit, sein 'Leben', kann
nicht auf seine 'Seinsheit' zurückgeführt werden; sondern seine 'Seinsheit' ist mit der Wirksamkeit von ewig her verbunden
und gleichsam vermählt und aus beiden macht es sich selber.

8 Wir aber betrachten die Selbständigkeit nicht als eine be- 67
gleitende Eigenschaft von Jenem, sondern wir gehen aus von
den an den anderen Dingen befindlichen Selbständigkeiten,
scheiden die Gegenteile aus und übertragen auf Jenes die geringeren Selbständigkeiten von den geringeren Wesen her;
da wir nicht imstande sind, dessen habhaft zu werden, was
eigentlich von Jenem ausgesagt werden müßte, so lassen wir
es mit dieser Aussage über Es bewenden. Im eigentlichen Sinne 68
aber läßt sich nichts finden, was wir über Ihn, geschweige denn
von Ihm aussagen könnten; denn alle, auch die herrlichsten
und erhabensten Eigenschaften, sind später als Er; denn Er
ist seinerseits deren Prinzip, freilich in anderem Sinne auch
wieder nicht Prinzip. Für die, die alle Benennungen beiseite las- 69
sen, ist auch die freie Verfügung und Selbständigkeit sozusagen
ein Späteres; denn sie besagt bereits eine Wirksamkeit auf ein
Anderes; ebenso die Aussage, daß Er ungehindert handle, und
auch, da Anderes ist, daß er auf dies ungehindert wirke; man
darf ihn überhaupt nicht als zu etwas in Beziehung stehend
ansprechen; denn er ist das, was er ist, und ist vor den anderen
Dingen; wir tun ja selbst das 'ist' von ihm fort, und folglich
auch jede Beziehung zu den seienden Dingen. So dürfen wir 70
ihm auch nicht eine Naturbeschaffenheit zusprechen, denn
auch sie ist später, und wenn sie auch von den höheren Wesen
ausgesagt wird, so von denen, welche aus einem Anderen stammen, mithin zuerst von der Seinsheit, weil sie von Jenem ihre
Natur erhielt; wenn aber die Natur zu den Dingen in der Zeit
gehört, dann nicht einmal von der Seinsheit. Aber auch das
dürfen wir nicht sagen, daß das erste Wesen nicht von sich

τε γὰρ «εἶναι» ἀφῃροῦμεν, τό τε «οὐ παρ' αὐτῆς» λέγοιτο ἄν, ὅταν ὑπ' ἄλλου. οὕτως οὖν συνέβη; ἢ οὐδὲ τὸ συνέβη λεκτέον· οὔτε γὰρ αὐτῷ οὔτε πρὸς ἄλλο· ἐν γὰρ πολλοῖς τὸ συνέβη, ὅταν τὰ μὲν ᾖ, τὸ δὲ ἐπὶ τούτοις συμβῇ. πῶς οὖν τὸ πρῶτον συνέβη; οὐδὲ γὰρ ἦλθεν, ἵνα ζητῇς «πῶς οὖν ἦλθε; τύχη τίς ἤγαγεν ἢ ὑπέστησεν αὐτό;» ἐπεὶ οὐδὲ τύχη πω ἦν οὐδὲ τὸ αὐτόματον δέ· καὶ γὰρ τὸ αὐτόματον καὶ παρ' ἄλλου καὶ ἐν γινομένοις.

Ἀλλὰ πρὸς αὐτὸ εἴ τις λαμβάνοι τὸ συνέβη, οὔτοι 9
δεῖ πρὸς τὸ ὄνομα ἵστασθαι, ἀλλὰ ὅπως νοεῖ ὁ λέγων συνιέναι. τί οὖν νοεῖ; τοῦτο, ὅτι ταύτην ἔχον τὴν φύσιν καὶ τὴν δύναμιν ἀρχή· καὶ γὰρ εἰ ἄλλην εἶχεν, ἦν ἂν [ἀρχὴ] τοῦτο, ὅπερ ἦν, καὶ εἰ χεῖρον, ἐνήργησεν ἂν κατὰ τὴν αὐτοῦ οὐσίαν. πρὸς δὴ τὸ τοιοῦτον λεκτέον, ὅτι μὴ οἷόν τε ἦν ἀρχὴν οὖσαν πάντων τὸ τυχὸν εἶναι, μὴ ὅτι χεῖρον, ἀλλ' οὐδὲ ἀγαθὸν μέν, ἀγαθὸν δὲ ἄλλως, οἷον ἐνδεέστερον. Ἀλλὰ δεῖ κρείττονα εἶναι τὴν ἀρχὴν ἁπάντων τῶν μετ' αὐτήν· ὥστε ὡρισμένον τι. λέγω δὲ ὡρισμένον, ὅτι μοναχῶς καὶ οὐκ ἐξ ἀνάγκης· οὐδὲ γὰρ ἦν ἀνάγκη· ἐν γὰρ τοῖς ἑπομένοις τῇ ἀρχῇ ἡ ἀνάγκη καὶ οὐδὲ αὕτη ἔχουσα ἐν αὐτοῖς τὴν βίαν· τὸ δὲ μοναχὸν τοῦτο παρ' αὐτοῦ. τοῦτο οὖν καὶ οὐκ ἄλλο, ἀλλ' ὅπερ ἐχρῆν εἶναι· οὐ τοίνυν οὕτω συνέβη, ἀλλ' ἔδει οὕτως· τὸ δὲ «ἔδει» τοῦτο ἀρχὴ τῶν ὅσα ἔδει. τοῦτο τοίνυν οὐκ ἂν οὕτως εἴη, ὡς συνέβη· οὐ γὰρ ὅπερ ἔτυχέν ἐστιν, ἀλλ' ὅπερ ἐχρῆν εἶναι· μᾶλλον δὲ οὐδὲ ὅπερ ἐχρῆν, ἀλλὰ ἀναμένειν δεῖ τὰ ἄλλα, τί ποτε αὐτοῖς ὁ βασιλεὺς

8, 22 λεκτέον Ficinus: ἀκτέον 9, 4 ἀρχὴ Kirchhoff: ἀρχήν 9, 5 del. Kirchhoff

selbst her sei, denn das Sein haben wir fortgetan, und 'nicht
von sich selbst' würde man dann sagen, wenn Es einem Anderen
untergeordnet wäre. Also hat es sich so ergeben? Nein, auch 71
'es ergab sich' dürfen wir nicht sagen; denn Ihm ergab sich
nichts, er steht zu keinem anderen in Beziehung; das 'es ergab
sich' hat erst in der Vielheit statt, wenn die Dinge da sind und
aus diesen Dingen 'es sich ergab'. Wie also sollte mit dem 72
Ersten etwas 'geschehen'? Es ist ja auch nicht in die Welt
gekommen, daß man fragen könnte: 'auf welche Weise ist es
nun gekommen? welcher Zufall hat es geführt oder zum Dasein gebracht?' Es gab ja noch kein Ungefähr, aber auch keinen
blinden Zufall; denn auch der blinde Zufall geht aus von
einem Anderen und hat im Reich des Werdens statt.

9 Indessen, wenn jemand das 'es traf sich' als Ihm selbst ge- 73
genüber auffaßt, so darf man doch nicht bei dem bloßen Wort
stehen bleiben, sondern muß verstehen, wie es der Sprechende
meint. Und wie meint er es? Daß Jenes, indem es diese Anlage
und Kraft hat, Prinzip ist; denn wenn es noch eine andere Anlage hätte, so wäre es eben das, was es war; und wäre es geringer, so hätte es doch seinem Wesen entsprechende Wirkung aus-
geübt. Gegen solche Meinung ist zu sagen, daß es nicht angeht, 74
daß Jenes als Prinzip aller Dinge irgend etwas Beliebiges ist;
es darf nicht nur nicht geringer, es darf nicht einmal gut in
einem eingeschränkten Sinne, also in minderem Grade sein;
sondern das Prinzip aller Dinge muß höher stehen als alles
nach ihm; es ist mithin ein bestimmt Festgelegtes; und zwar 75
meine ich mit diesem bestimmt Festgelegten, daß es einzigartig
ist, nicht aber daß es aus Zwang so ist; es gab auch keinerlei
Zwang, ein Zwang findet erst unter den Dingen statt, welche
dem Prinzip nachfolgen, und auch dieser übt unter ihnen nicht
Gewaltsamkeit; Jenes hat seine Einzigartigkeit aus sich selber.
So ist es also dies und ist nichts Anderes, sondern das, was es 76
sein mußte. Nicht also traf es sich so, sondern es mußte so sein;
und zwar ist dies 'müssen' Prinzip alles anderen Müssens. Es
ist also dies nicht im Sinne des 'es traf sich'; denn es ist nicht
etwas Beliebiges, sondern was es sein mußte. Oder vielmehr, 77
auch nicht was es sein mußte, sondern die andern Wesen müssen abwarten, als was ihnen der König denn erscheinen will,

φανείη, καὶ τοῦτο, ὅπερ ἐστὶν αὐτός, τοῦτο αὐτὸν θέσθαι οὐχ ὡς συνέβη φανέντα, ἀλλὰ ὄντως βασιλέα καὶ ὄντως ἀρχὴν καὶ τὸ ἀγαθὸν ὄντως, οὐκ ἐνεργοῦντα κατὰ τὸ ἀγαθόν – οὕτω γὰρ ἂν δόξειεν ἕπεσθαι ἄλλῳ – ἀλλ᾽ ὄντα ἕν, ὅπερ ἐστίν, ὥστε οὐ κατ᾽ ἐκεῖνο, ἀλλ᾽ ἐκεῖνο. εἰ τοίνυν οὐδ᾽ ἐπὶ τοῦ ὄντος τὸ συνέβη – τῷ γὰρ ὄντι, εἴ τι συμβήσεται, τὸ συνέβη, ἀλλ᾽ οὐκ αὐτὸ τὸ ὂν συνέβη, οὐδὲ συνέκυρσε τὸ ὂν οὕτως εἶναι, οὐδὲ παρ᾽ ἄλλου τὸ οὕτως εἶναι, ὂν ὡς ἔστιν, ἀλλ᾽ αὕτη ὄντος φύσις ὂν εἶναι – πῶς ἄν τις ἐπὶ τοῦ ἐπέκεινα ὄντος τοῦτο ἐνθυμοῖτο τὸ οὕτω συνέβη, ᾧ ὑπάρχει γεγεννηκέναι τὸ ὄν, ὃ οὐχ οὕτω συνέβη, ἀλλ᾽ ἔστιν ὡς ἔστιν ἡ οὐσία, οὖσα ὅπερ ἐστὶν οὐσία καὶ ὅπερ ἐστὶ νοῦς· ἐπεὶ οὕτω τις κἂν τὸν νοῦν εἴποι οὕτω συνέβη νοῦν εἶναι, ὥσπερ ἄλλο τι ἂν τὸν νοῦν ἐσόμενον ἢ τοῦτο, ὃ δὴ φύσις ἐστὶ νοῦ. τὸ δὴ οὐ παρεκβεβηκὸς ἑαυτό, ἀλλ᾽ ἀκλινὲς ὂν ἑαυτοῦ, αὐτὸ ἄν τις κυριώτατα λέγοι εἶναι ὅ ἐστι. τί ἂν οὖν τις λέγοι ἐκεῖ εἰς τὸ ὑπὲρ τοῦτο ἀναβὰς καὶ εἰσιδών; ἆρά γε τὸ οὕτω ⟨συνέβη⟩, ὡς εἶδεν αὐτὸν ἔχοντα [τὸ οὕτω συνέβη]; ἢ οὔτε τὸ οὕτω οὔτε τὸ ὁπωσοῦν συνέβη, ἀλλ᾽ οὐδὲ ὅλως τὸ συνέβη. ἀλλὰ τὸ οὕτω μόνον καὶ οὐκ ἂν ἄλλως, ἀλλ᾽ οὕτως· ἀλλ᾽ οὐδὲ τὸ οὕτως· οὕτω γὰρ ἂν ὁρίσας εἴης καὶ τόδε τι· ἀλλ᾽ ἔστι τῷ ἰδόντι οὐδὲ τὸ οὕτως εἰπεῖν δύνασθαι οὐδ᾽ αὖ τὸ μὴ οὕτως· τὶ γὰρ ἂν εἴποις αὐτὸ τῶν ὄντων, ἐφ᾽ ὧν τὸ οὕτως. ἄλλο τοίνυν παρ᾽ ἅπαντα τὰ οὕτως, ἀλλ᾽ ἀόριστον ἰδὼν πάντα μὲν ἕξεις εἰπεῖν τὰ μετ᾽ αὐτό, φήσεις δὲ οὐδὲν ἐκείνων εἶναι, ἀλλά, εἴπερ, δύναμιν πᾶσαν αὑτῆς ὄντως κυρίαν, τοῦτο οὖσαν ὃ θέλει, μᾶλλον δὲ ὃ θέλει ἀπορρίψασαν εἰς τὰ ὄντα,

9, 30 κἂν Theiler: καί 9, 35 s. add. del. Theiler

und als das, das er selber ist, muß man ihn setzen, indem er
nicht, wie es traf, in Erscheinung tritt, sondern wahrhaft als
König, wahrhaft als Prinzip, und als das wahrhaftige Gute,
nicht als ein gemäß dem Guten Wirkender, dann würde er ja 78
scheinbar einem Anderen folgen, sondern indem er das Eine ist,
das er ist, und also nicht gemäß Jenem wirkt, sondern Jenes
ist. Wenn 'es traf sich' nicht einmal vom Seienden gesagt 79
werden kann – denn am Seienden gilt das 'es traf sich', wenn
etwas 'sich treffen' soll, das Seiende selber aber traf sich nicht,
das Seiende ist so nicht aus zufälligem Ereignis, es ist, wie es
ist, und sein Sosein stammt nicht von einem Anderen, sondern
das eben ist die Natur des Seienden, seiend zu sein –, wie kann 80
man da von dem jenseits des Seienden Gelegenen sich dies 'es
traf sich' vorstellen, Ihm, welches das Seiende erzeugt hat, das
Seiende, das nicht sich so traf, sondern so ist, wie seine Seinsheit ist, welche ist, was Seinsheit ist und was der Geist ist; 81
denn sonst könnte man auch vom Geist sagen, daß es sich für
ihn so traf, Geist zu sein, als hätte der Geist je Anderes sein sollen als das, was eben des Geistes Wesensanlage ist. Demjenigen Wesen nun, welches nicht aus sich selbst herausschreitet,
sondern nie von sich abweicht, wird man im eigentlichen Sinne
zuschreiben dürfen, daß es eben das ist, was es ist. Wenn man 82
nun nach dort oben aufsteigt und das über dieser Welt Gelegene schaut, was soll man da aussagen ? etwa 'es traf sich so', wie
man Es nämlich erschaute ? nein, weder traf es sich so noch
irgendwie, sondern überhaupt nicht das 'es traf sich', sondern
lediglich ein 'so', ein nicht anders sein können als eben 'so'. Je- 83
doch darf man selbst dies 'so' nicht aussagen, denn damit zöge
man eine Grenze und es wäre ein bestimmtes Einzelnes; sondern in Wahrheit kann der Erblickende auch nicht ein 'so' aussagen, andererseits aber auch nicht ein 'nicht so', denn damit
würde man Es als eines der seienden Dinge ansprechen, bei
denen das 'so' statthat. Indem du Es nun siehst als verschie- 84
den von allen Dingen, von denen das 'so' gilt, vielmehr als Un-
bestimmtes, kannst du alle nach Ihm liegenden Dinge ansprechen, wirst aber sagen, daß Jenes keines von ihnen ist, sondern,
wenn überhaupt, das volle seiner selbst wahrhaft mächtige
Vermögen, indem es das ist, was es will; oder vielmehr, auch 85

αὐτὴν δὲ μείζονα παντὸς τοῦ θέλειν οὖσαν τὸ θέλειν μετ' αὐτὴν θεμένην. οὔτ' οὖν αὐτὴ ἠθέλησε τὸ οὕτως, ἵνα ἂν εἵπετο, οὔτε ἄλλος πεποίηκεν οὕτως.

10 Καὶ τοίνυν καὶ ἐρωτῆσαι χρὴ τὸν λέγοντα τὸ οὕτω συνέβη, πῶς ἂν ἀξιώσειε ψεῦδος εἶναι τὸ συνέβη, εἰ τίς εἴη ⟨φύσις⟩, καὶ πῶς, ἄν τις ἀφέλῃ τὸ συνέβη, [καὶ εἰ τίς εἴη φύσις] τότε φήσει οὐκ ἐφαρμόζειν τὸ συνέβη. εἰ γὰρ τὴν τῶν ἄλλων ἀφαιροῦσαν τὸ οὕτω συνέβη ἀνατίθησι τύχῃ, ποῦ ποτε τὸ μὴ ἐκ τύχης εἶναι ⟨ἂν⟩ γένοιτο; ἀφαιρεῖ δὲ τὸ ὡς ἔτυχεν αὕτη ἡ ἀρχὴ τῶν ἄλλων εἶδος καὶ πέρας καὶ μορφὴν διδοῦσα, καὶ οὐκ ἔστιν ἐν τοῖς οὕτω κατὰ λόγον γινομένοις τύχῃ ἀναθεῖναι, ἀλλ' αὐτῷ τούτῳ [λόγῳ] τὴν αἰτίαν, ἐν δὲ τοῖς μὴ προηγουμένως καὶ μὴ ἀκολούθως, ἀλλὰ συμπτώμασιν, ἡ τύχη. τὴν δὴ ἀρχὴν παντὸς λόγου τε καὶ τάξεως καὶ ὅρου, πῶς ἄν τις τὴν τούτου ὑπόστασιν ἀναθείη τύχῃ; καὶ μὴν πολλῶν μὲν ἡ τύχη κυρία, νοῦ δὲ καὶ λόγου καὶ τάξεως εἰς τὸ γεννᾶν ταῦτα οὐ κυρία, καὶ ὅπου ἐναντίον γε δοκεῖ λόγῳ εἶναι τύχη, πῶς ἂν γεννήτειρα αὐτοῦ γένοιτο; εἰ οὖν μὴ γεννᾷ νοῦν τύχη, οὐδὲ τὸ πρὸ νοῦ οὐδὲ τὸ κρεῖττον νοῦ· οὔτε γὰρ εἶχεν ὅθεν γεννήσει, οὔτε ἦν τὸ παράπαν αὕτη οὐδ' ὅλως ἐν τοῖς ἀιδίοις. εἰ οὖν μηδὲν πρὸ ἐκείνου, αὐτὸς δὲ πρῶτος, στῆναι ἐνταῦθα δεῖ καὶ μηδὲν ἔτι περὶ αὐτοῦ λέγειν, ἀλλὰ τὰ μετ' αὐτὸ ζητεῖν πῶς ἐγένετο, αὐτὸ δὲ μηκέτι ὅπως, ὅτι ὄντως τοῦτο μὴ ἐγένετο. τί οὖν, εἰ μὴ ἐγένετο, ἔστι δὲ οἷός ἐστιν, οὐκ ὢν τῆς αὐτοῦ οὐσίας κύριος; καὶ εἰ μὴ οὐσίας δέ, ἀλλ' ὢν ὅς ἐστιν, οὐχ

10, 2 εἰ τίς Theiler: εἰ τί add. Theiler ex varia lectione versus 3 quam del. 10, 3 ἀφέλῃ Beutler: ἀφέλοι 10, 6 add. Kirchhoff 10, 9 αὐτῷ τούτῳ Kirchhoff: αὐτὸ τοῦτο del. Kirchhoff 10, 14 καὶ ὅπου Theiler: ὅπου καὶ

dies 'was es will' hat es von sich gestoßen hinab ins Reich der
seienden Dinge, es ist seinerseits größer als alles Wollen und
weist dem Wollen einen Platz unter sich an. So hat es weder
selber das 'so' gewollt, als hätte es diesem 'so' gehorcht, noch
hat ein anderer es 'so' geschaffen.

10 Man sollte nun wirklich den Verfechter dieses 'es traf sich 86
so' einmal fragen, auf welche Weise er denn das 'es traf sich' als
nicht zutreffend ansehen wollte, wenn es was für eine Wesensart gäbe, und wie, wenn einer das 'es traf sich' behebt, er
dann behaupten wolle, das 'es traf sich' passe hier nicht. Wenn
er nämlich diese Wesensart, welche das 'es traf sich so' bei den
anderen Dingen behebt, auf das Ungefähr gründet, wo sollte
dann das nicht aus dem Ungefähr Kommende seine Stelle haben? Es behebt aber das bloße Ungefähr der anderen Dinge 87
dieses Prinzip, indem es ihnen Gestalt, Grenze und Form gibt,
und nichts in diesem nach der Vernunft Geschehenden kann
man auf das Ungefähr gründen, sondern eben Ihm ist Ursäch-
lichkeit zuzuschreiben, dagegen herrscht bei den Geschehnis-
sen, welche nicht nach Voraufgang und Folge sich vollziehen,
sondern in bloßem Zusammentreffen, das Ungefähr. Das Prin- 88
zip nun jeglicher Vernunft und Ordnung und Begrenztheit –
wie will man seine Existenz auf das Ungefähr gründen? Gewiß,
das Ungefähr ist Herr über viele Dinge; aber des Geistes, der
Vernunft und der Ordnung, diese zu erzeugen, ist es nicht
Herr, und wo der Zufall der Vernunft gerade entgegengesetzt
zu sein scheint, wie könnte er zu ihrem Erzeuger werden?
Wenn nun aber der Zufall den Geist nicht erzeugt, so auch
nicht das vor dem Geist Gelegene und nicht, was mächtiger ist
als der Geist. Es stand ihm ja auch nichts zur Verfügung, woraus es hätte jenen erzeugen sollen, und es gibt ja das Ungefähr
im Reich der ewigen Dinge schlechterdings nicht. Wenn also 89
nichts vor Jenem liegt, sondern Er der Erste ist, so gilt es, hier
haltzumachen und nichts mehr über Ihn auszusagen, sondern
nur bei den Dingen unter ihm zu fragen, wie sie entstanden
sind, nicht aber mehr bei Ihm, denn im wahren Sinne ist er
nicht entstanden. Wie aber, wenn Er nicht entstanden ist, son- 90
dern ist, wie er ist, und dabei nicht Herr ist über seine eigne
Seinsheit? Und wenn er nicht Herr ist über seine Seinsheit,

ὑποστήσας ἑαυτόν, χρώμενος δὲ ἑαυτῷ οἷός ἐστιν, ἐξ ἀνάγκης τοῦτο ἂν εἴη, ὅ ἐστι, καὶ οὐκ ἂν ἄλλως. ἢ οὐχ, ὅτι οὐκ ἄλλως, οὕτως, ἀλλ' ὅτι τὸ ἄριστον οὕτως. πρὸς μὲν γὰρ τὸ βέλτιον ἐλθεῖν οὐ πᾶν αὐτεξούσιον, πρὸς δὲ τὸ χεῖρον ἐλθεῖν οὐδὲν ὑπ' ἄλλου κεκώλυται. ἀλλ' ὅτι μὴ ἦλθε, παρ' αὐτοῦ οὐκ ἐλήλυθεν, οὐ τῷ κεκωλῦσθαι, ἀλλὰ τῷ αὐτὸ εἶναι, ὃ μὴ ἐλήλυθε· καὶ τὸ ἀδύνατον ἐλθεῖν πρὸς τὸ χεῖρον οὐκ ἀδυναμίαν σημαίνει τοῦ μὴ ἥκοντος, ἀλλὰ παρ' αὐτοῦ καὶ δι' αὐτὸν τὸ μὴ ἥκειν. καὶ τὸ μὴ ἥκειν πρὸς μηδὲν ἄλλο τὴν ὑπερβολὴν τῆς δυνάμεως ἐν αὐτῷ ἔχει, οὐκ ἀνάγκῃ κατειλημμένου, ἀλλ' αὐτοῦ ἀνάγκης τῶν ἄλλων οὔσης καὶ νόμου. αὑτὴν οὖν ἀνάγκη ὑπέστησεν; ἢ οὐδὲ ὑπέστη τῶν ἄλλων ὑποστάντων τῶν μετ' αὐτὸ δι' αὐτό. τὸ οὖν πρὸ ὑποστάσεως πῶς ἂν ἢ ὑπ' ἄλλου ἢ ὑφ' αὐτοῦ ὑπέστη;

11 Ἀλλὰ τὸ μὴ ὑποστὰν τοῦτο τί; ἢ σιωπήσαντας δεῖ ἀπελθεῖν, καὶ ἐν ἀπόρῳ τῇ γνώμῃ θεμένους μηδὲν ἔτι ζητεῖν. τί γὰρ ἄν τις καὶ ζητήσειεν εἰς οὐδὲν ἔτι ἔχων προελθεῖν, πάσης ζητήσεως εἰς ἀρχὴν ἰούσης καὶ ἐν τῷ τοιούτῳ ἱσταμένης; πρὸς δὲ τούτοις ζήτησιν ἅπασαν χρὴ νομίζειν ἢ τοῦ τί ἐστιν εἶναι ἢ τοῦ οἷον ἢ τοῦ διὰ τί ἢ τοῦ εἶναι. τὸ μὲν οὖν εἶναι, ὡς λέγομεν ἐκεῖνο εἶναι, ἐκ τῶν μετ' αὐτό. τὸ δὲ διὰ τί ἀρχὴν ἄλλην ζητεῖ· ἀρχῆς δὲ τῆς πάσης οὐκ ἔστιν ἀρχή. τὸ δὲ οἷόν ἐστι ζητεῖν τί συμβέβηκεν αὐτῷ, ᾧ συμβέβηκε μηδέν. τὸ δὲ τί ἐστι δηλοῖ μᾶλλον τὸ μηδὲν δεῖν περὶ αὐτοῦ ζητεῖν, αὐτὸ μόνον εἰ δυνατὸν

sondern ist, was er ist, nicht sich selber zur Existenz gebracht
hat, sondern mit sich selber, so wie er nun einmal ist, sich ab-
findet, dann wäre er zwangsläufig das, was er ist, und könnte
nicht anders sein. Indessen, Er ist so, nicht weil Er nicht an- *91*
ders sein kann, sondern weil es das beste ist, so zu sein. Denn,
zum Besseren zu gelangen, hat nicht jedes Wesen die Vollmacht, zum Schlechteren aber abzusteigen, wird kein Ding
von einem anderen gehindert; sondern wenn es nicht absteigt,
so steigt es aus Eigenem nicht hinab, nicht weil es daran gehindert wäre, sondern weil es selber dasjenige ist, das nicht hinabsteigt; das Unvermögen, zum Schlechteren hinabzusteigen, *92*
bezeichnet nicht eine Kraftlosigkeit des nicht Absteigenden,
sondern das Nicht-absteigen geschieht aus Eigenem und um
seiner selbst willen. Der Umstand also, daß Jenes zu keinem
andern Dinge hinabsteigt, bedeutet gerade sein Höchstmaß an
Kraft; es wird nicht durch eine Notwendigkeit davon zurück-
gehalten, sondern ist selber die Notwendigkeit und das Gesetz
der anderen Dinge. Hat nun diese Notwendigkeit sich selber *93*
zur Existenz gebracht? Nein. Jenes Wesen ist ja garnicht in
die Existenz getreten, nur die anderen Dinge nach ihm sind um
seinetwillen in die Existenz getreten. Wie sollte dasjenige, was
vor aller Existenz liegt, in die Existenz treten können, sei es
durch ein Anderes, sei es durch sich selbst?

11 Aber was ist denn nun dies nicht in die Existenz Getretene? *94*
Nun, hier heißt es schweigen und fortgehen, die Sache im Un-
entschiedenen lassen und das weitere Fragen einstellen. Wonach
sollte man auch weiter fragen? Man kann ja zu keinem weiteren Ziel vordringen; denn jedes Fragen schreitet vor bis zu
einem Prinzip, macht aber dort angelangt halt. Ferner aber *95*
muß man dafür halten, daß jedes Fragen sich auf das Wesen
bezieht oder auf das Wiebeschaffen oder auf das Warum oder
auf das Sein. Das Sein nun, so wie wir denn Jenem ein Sein zuschreiben, erfaßt man aus den Ihm untergeordneten Dingen;
und das Warum fragt nach einem anderen Prinzip, das Gesamt-
prinzip hat aber nicht seinerseits ein Prinzip; nach dem Wie- *96*
beschaffen fragen, heißt fragen, was ihm zukommt, dem doch
nichts zukommt; und das Wesen bekundet eher, daß man
nicht weiter nach ihm forschen darf, daß man Es, wenn es

αὐτοῖς λαβόντας ἐν νῷ, μηδὲν αὐτῷ θεμιτὸν εἶναι προσάπτειν μαθόντας. ὅλως δὲ ἐοίκαμεν ταύτην τὴν ἀπορίαν ἐνθυμηθῆναι περὶ ταύτης τῆς φύσεως, εἴπερ ἐνεθυμήθημεν, ἐκ τοῦ πρῶτον μὲν τίθεσθαι χώραν καὶ τόπον, ὥσπερ τι χάος, εἶτα χώρας ἤδη οὔσης ἐπαγαγεῖν ταύτην τὴν φύσιν εἰς τὸν ἐν τῇ φαντασίᾳ ἡμῶν γεγονότα ἢ ὄντα τόπον, εἰσαγαγόντας δὲ αὐτὸν εἰς τὸν τοιοῦτον τόπον οὕτω τοι ζητεῖν, οἷον πόθεν καὶ πῶς ἐλήλυθεν ἐνταῦθα, καὶ ὡς περὶ ἔπηλυν ὄντα ἐζητηκέναι αὐτοῦ τὴν παρουσίαν καὶ οἷον τὴν οὐσίαν, καὶ δὴ καὶ ὥσπερ ἔκ τινος βάθους ἢ ἐξ ὕψους τινὸς ἐνθάδε ἐρρῖφθαι. διόπερ δεῖ τὸ αἴτιον τῆς ἀπορίας ἀνελόντας ἔξω ποιήσασθαι τῆς ἐπιβολῆς τῆς πρὸς αὐτὸ πάντα τόπον καὶ μηδὲ ἐν ὁτῳοῦν τίθεσθαι αὐτό, μήτε ἀεὶ κείμενον ἐν αὐτῷ καὶ ἱδρυμένον μήτε ἐληλυθότα, ἀλλ᾽ ὄντα μόνον, ὡς ἔστι, λεγόμενον ὑπ᾽ ἀνάγκης τῶν λόγων εἶναι, τὸν δὲ τόπον, ὥσπερ καὶ τὰ ἄλλα, ὕστερον καὶ ὕστατον ἁπάντων. τὸ οὖν ἄτοπον τοῦτο νοοῦντες, ὡς νοοῦμεν, οὐδὲν περὶ αὐτὸ ἔτι τιθέντες οἷον κύκλῳ οὐδὲ περιλαβεῖν ἔχοντες ὅσος, οὐδὲ τὸ ὅσον αὐτῷ συμβεβηκέναι φήσομεν· οὐ μὴν οὐδὲ τὸ ποιόν· οὐδὲ γὰρ μορφή τις περὶ αὐτὸν οὐδὲ νοητὴ ἂν εἴη· οὐδὲ τὸ πρὸς ἄλλο· ἐφ᾽ αὑτοῦ γὰρ καὶ ὑφέστηκε, πρὶν ἄλλο. τί ἂν οὖν ἔτι εἴη τὸ οὕτω συνέβη; ἢ πῶς φθεγξόμεθα τοῦτο, ὅτε καὶ τὰ ἄλλα ἐν ἀφαιρέσει πάντα τὰ περὶ τούτου λεγόμενα; ὥστε ἀληθὲς μᾶλλον οὐ τὸ οὕτω συνέβη, ἀλλὰ τὸ οὐδὲ οὕτω συνέβη, ὅπου καὶ τὸ οὐδὲ συνέβη ὅλως.

Τί οὖν; οὐκ ἔστιν ὅ ἐστι; τοῦ δὲ εἶναι ὅ ἐστιν ἢ τοῦ **12**
ἐπέκεινα εἶναι ἆρά γε κύριος αὐτός; πάλιν γὰρ ἡ ψυχὴ

11, 12 νῷ Kirchhoff: τῷ   11, 17 s. εἰσαγαγόντας Kirchhoff: εἰσάγοντες vel εἰσαγαγόντες   11, 19 ὡς περὶ Beutler: ὥσπερ   11, 23 ἀνελόντας Theiler: ἀνελόντα   11, 27 ὕστατον Heintz: ὕστερον   11, 34 ὅτε Kirchhoff: ὅτι

einem möglich ist, für sich allein im Geist erfassen muß und
lernen soll, daß es verwehrt ist, irgendetwas an Es zu knüpfen.
Wenn im übrigen die Schwierigkeit mit Jener Wesenheit uns so 97
bewegt hat (falls sie uns wirklich bewegt hat), so allem An-
schein nach aus folgendem Grunde: wir haben zuerst einen
Ort, einen Raum angesetzt, gleichsam ein Chaos, dann, nachdem dieser Raum bereits da war, haben wir jene Wesenheit in
diesen in unserer Vorstellung entstandenen Raum eingeführt;
nachdem wir Jenen in den so beschaffenen Raum hineingeführt 98
hatten, fragten wir dann etwa, woher und auf welchem Weg er
hierher gelangt ist, und dann haben wir, wie wenn es sich um
einen Fremdling handelte, nach dem Grund seines Besuches
gefragt und gleichsam nach seiner Seinsheit, und dann haben
wir tatsächlich vorausgesetzt, er sei gleichsam irgendwo aus
der Tiefe oder der Höhe hierher geschleudert worden. Da gilt es 99
nun, die Ursache dieser Schwierigkeit zu beheben und den
Blick auf Jenen völlig frei zu halten von jedem Raum, Ihn in
keinerlei Raum anzusetzen, weder als seit ewig in ihm ruhend
und gegründet, noch als erst dahin gekommen, sondern lediglich als seiend, wie er ist, wobei auch das Sein von ihm nur unter dem Zwang der Wörter ausgesagt wird, den Raum aber wie
alle andern Bestimmungen als später anzusetzen und zwar als
das Allerspäteste. Indem wir dies Unräumliche nun so denken, 100
wie wir es denken, ohne Jenen mit irgendetwas gleichsam rings-
um zu umgeben, ohne ihn auch in seiner Ausdehnung umfas-
sen zu können, werden wir sagen müssen, daß das Wiegroße
ihm auch nicht zukommt; und ebensowenig das Wiebeschaf-
fene, denn es gibt an Ihm keinerlei Form, auch keine geistige;
aber auch nicht die Beziehung auf ein Anderes, denn er steht
auf sich selbst und war schon existent vor allem Anderen. Was 101
aber soll da noch heißen das 'es traf sich so'? Und wie sollen
wir zu einer solchen Aussage kommen, wo auch alles Andere,
was von ihm ausgesagt wird, als Negation auftritt? Daher ist
näher der Wahrheit nicht das 'so traf es sich', sondern das
'auch so traf es sich nicht', da wo das 'es traf sich überhaupt
nicht' gilt.

12 Aber ist Jener denn nicht, was er ist? Und ist er selber Herr 102
über das 'sein was er ist' oder über das 'jenseits des Seins sein'?

οὐδέν τι πεισθεῖσα τοῖς εἰρημένοις ἄπορός ἐστι. λεκτέον τοίνυν πρὸς ταῦτα ὧδε, ὡς ἕκαστος μὲν ἡμῶν κατὰ μὲν τὸ σῶμα πόρρω ἂν εἴη οὐσίας, κατὰ δὲ τὴν ψυχὴν καὶ ὃ μάλιστά ἐσμεν μετέχομεν οὐσίας καί ἐσμέν τις οὐσία, τοῦτο δέ ἐστιν οἷον σύνθετόν τι ἐκ διαφορᾶς καὶ οὐσίας. οὔκουν κυρίως οὐσία οὐδ' αὐτοουσία· διὸ οὐδὲ κύριοι τῆς αὐτῶν οὐσίας. ἄλλο γάρ πως ἡ οὐσία καὶ ἡμεῖς ἄλλο, καὶ κύριοι οὐχ ἡμεῖς τῆς αὐτῶν οὐσίας, ἀλλ' ἡ οὐσία αὐτὸ ⟨τῆς⟩ ἡμῶν, εἴπερ αὕτη καὶ τὴν διαφορὰν προστίθησιν. ἀλλ' ἐπειδὴ ὅπερ κύριον ἡμῶν ἡμεῖς πώς ἐσμεν, οὕτω τοι οὐδὲν ἧττον καὶ ἐνταῦθα λεγοίμεθα ἂν αὐτῶν κύριοι· οὗ δέ γε παντελῶς ἐστιν ὅ ἐστιν αὐτοουσία, καὶ οὐκ ἄλλο μὲν αὐτό, ἄλλο δὲ ἡ οὐσία αὐτοῦ, ἐνταῦθα, ὅπερ ἐστί, τούτου ἐστὶ καὶ κύριον (καὶ οὐκέτι εἰς ἄλλο, ᾗ ἔστι καὶ ᾗ ἐστιν οὐσία). καὶ γὰρ αὖ ἀφείθη κύριον εἶναι αὐτοῦ, ᾗ [ὃ] πρῶτον εἰς οὐσίαν. τὸ δὴ πεποιηκὸς ἐλεύθερον τὴν οὐσίαν, πεφυκὸς δηλονότι ποιεῖν ἐλεύθερον καὶ ἐλευθεροποιὸν ἂν λεχθέν, τίνι ἂν δοῦλον εἴη; εἴπερ ὅλως καὶ θεμιτὸν φθέγγεσθαι. τὸ δὲ τῇ αὐτοῦ οὐσίᾳ — ἀλλὰ καὶ αὕτη παρ' αὐτοῦ ἐλευθέρα καὶ ὑστέρα, καὶ αὐτὸ οὐκ ἔχον οὐσίαν. εἰ μὲν οὖν ἐστί τις ἐνέργεια ἐν αὐτῷ καὶ ἐν τῇ ἐνεργείᾳ αὐτὸν θησόμεθα, οὐδ' ἂν διὰ τοῦτο εἴη ἂν ἕτερον αὐτοῦ καὶ οὐκ αὐτὸς αὐτοῦ κύριος, ἀφ' οὗ ἡ ἐνέργεια, ὅτι μὴ ἕτερον ἐνέργεια καὶ αὐτός. εἰ δ' ὅλως ἐνέργειαν οὐ δώσομεν ἐν αὐτῷ εἶναι, ἀλλὰ τἆλλα περὶ αὐτὸν ἐνεργοῦντα τὴν ὑπόστασιν ἴσχειν, ἔτι μᾶλλον οὔτε τὸ κύριον οὔτε τὸ κυριευόμενον ἐκεῖ εἶναι δώσομεν. ἀλλ' οὐδὲ τὸ «αὐτοῦ κύριος»,

12, 10 s. αὐτὸ ⟨τῆς⟩ Theiler: αὐτὸ (αὐτὴ Ficinus) 12, 13 οὗ Theiler: ὅ 12, 15 τούτου Harder: τοῦτο 12, 17 del. Theiler

Denn wiederum sieht sich die Seele, keineswegs durch das Ge-
sagte überzeugt, ohne Ausweg. Dem ist auf folgende Weise zu 103
erwidern. Jeder einzelne von uns ist, sofern er Körper ist, fern
von der Seinsheit, sofern wir aber Seele sind und das sind, was
wir eigentlich sind, haben wir Teil an der Seinsheit und sind
eine bestimmte Seinsheit, und das heißt, gleichsam ein Zu-
sammengefügtes aus Unterschiedlichkeit und Seinsheit. Wir 104
sind also nicht Seinsheit im eigentlichen Sinne, nicht Seinsheit
an sich; daher auch nicht Herr über unsere eigne Seinsheit;
denn die Seinsheit ist von unserem Wir irgendwie verschieden,
und Herr sind nicht wir über unsere Seinsheit, sondern die Seinsheit als solche über unsere Seinsheit, wo ja sie auch die Unterschiedlichkeit hinzufügt. Da indessen zu einem gewissen Grade wir dasjenige sind, was über uns Herr ist, gilt anderseits
auch in unserem Falle, daß wir als Herr über uns selbst ange-
sprochen werden können. Wo aber schlechthin ist, was Seins- 105
heit selber ist, und wo nicht ein Anderes das Selbst ist, ein
Anderes seine Seinsheit, da ist es dessen, was es ist, auch
Herr (und nicht mehr bezieht sich auf Verschiedenes, sofern es ist und sofern es Seinsheit ist). Denn ihm ist seinerseits die Freiheit gegeben, Herr über sich zu sein, sofern
es primär ist bezüglich der Seinsheit. Dasjenige aber nun, 106
welches die Seinsheit frei gemacht hat, natürlich, weil es
in seinem Wesen liegt, frei zu machen – es könnte geradezu Befreier genannt werden –, wem könnte es Knecht sein?
Wenn es denn überhaupt gestattet ist, solches anzutönen. Seiner eigenen Seinsheit? Allein auch diese ist nur durch Es frei,
auch ist sie später, Es selbst ist ohne Haben einer Seinsheit. 107
Und wenn etwas wie Wirksamkeit in Ihm ist und wir Ihn in der
Wirksamkeit ansetzen wollen, so gäbe es auch deswegen kein
von Ihm Unterschiedliches und Er wäre nicht Herr seiner
selbst, Er, von dem die Wirksamkeit stammt; denn Wirksamkeit und Er sind nicht unterschieden. Wenn wir aber über- 108
haupt nicht zugeben, daß in Ihm Betätigung ist, sondern sagen, daß erst die andern Dinge sich um Es betätigen und damit
zur Existenz gelangen, so werden wir erst recht nicht zugeben,
daß es dort etwas gibt, das Herr ist, und etwas, das beherrscht
wird; aber auch das 'seiner selbst Herr sein' werden wir Ihm 109

οὐχ ὅτι ἄλλο αὐτοῦ κύριον, ἀλλ' ὅτι τὸ αὑτοῦ κύριον τῇ οὐσίᾳ ἀπέδομεν, τὸ δὲ ἐν τιμιωτέρῳ ἢ κατὰ τοῦτο ἐθέμεθα. τί οὖν τὸ ἐν τιμιωτέρῳ τοῦ ὅ ἐστιν αὑτοῦ κύριον; ἢ ὅτι, ἐπειδὴ οὐσία καὶ ἐνέργεια ἐκεῖ δύο πως ὄντα ἐκ τῆς ἐνεργείας τὴν ἔννοιαν ἐδίδου τοῦ κυρίου, τοῦτο δὲ ἦν τῇ οὐσίᾳ ταὐτόν, διὰ τοῦτο καὶ χωρὶς ἐγένετο τὸ κύριον εἶναι καὶ αὐτὸ αὑτοῦ ἐλέγετο κύριον. ὅπου δὲ οὐ δύο ὡς ἕν, ἀλλὰ ἕν – ἢ γὰρ ἐνέργεια μόνον ἢ οὐδ' ὅλως ἐνέργεια – οὐδὲ τὸ κύριον αὑτοῦ ὀρθῶς.

13 Ἀλλ' εἰ καὶ τὰ ὀνόματα ταῦτα ἐπάγειν δεῖ [οὐκ ὀρθῶς] τοῦ ζητουμένου, πάλιν αὖ λεγέσθω, ὡς τὰ μὲν ὀρθῶς εἴρηται, ὅτι οὐ ποιητέον οὐδ' ὡς εἰς ἐπίνοιαν δύο· τὰ δὲ νῦν τῆς πειθοῦς χάριν καί τι παρανοητέον ἐν τοῖς λόγοις. εἰ γὰρ δοίημεν ἐνεργείας αὐτῷ, τὰς δ' ἐνεργείας αὐτοῦ οἷον βουλήσει αὐτοῦ – οὐ γὰρ ἀβουλῶν ἐνεργεῖ – αἱ δὲ ἐνέργειαι ἡ οἷον οὐσία αὐτοῦ, ἡ βούλησις αὐτοῦ καὶ ἡ οὐσία ταὐτὸν ἔσται. εἰ δὲ τοῦτο, ὡς ἄρα ἐβούλετο, οὕτω καὶ ἔστιν. οὐ μᾶλλον ἄρα ὡς πέφυκε βούλεταί τε καὶ ἐνεργεῖ, ἢ ὡς βούλεταί τε καὶ ἐνεργεῖ ἡ οὐσία ἐστὶν αὐτοῦ. κύριος ἄρα πάντη ἑαυτοῦ ἐφ' ἑαυτῷ ἔχων καὶ τὸ εἶναι. ἴδε δὴ καὶ τόδε· τῶν ὄντων ἕκαστον ἐφιέμενον τοῦ ἀγαθοῦ βούλεται ἐκεῖνο μᾶλλον ἢ ὃ ἔστιν εἶναι, καὶ τότε μάλιστα οἴεται εἶναι, ὅταν τοῦ ἀγαθοῦ μεταλάβῃ, καὶ ἐν τῷ τοιούτῳ αἱρεῖται ἑαυτῷ ἕκαστον τὸ εἶναι καθ' ὅσον ἂν παρὰ τοῦ ἀγαθοῦ ἴσχῃ, ὡς τῆς τοῦ ἀγαθοῦ φύσεως ἑαυτῷ δηλονότι πολὺ πρότερον αἱρετῆς οὔσης, εἴπερ τόση μοῖρα ἀγαθοῦ παρ' ἄλλῳ αἱρετωτάτη καὶ οὐσία ἑκούσιος καὶ παραγενομένη θελήσει καὶ ἓν καὶ ταὐτὸν οὖσα θελήσει καὶ διὰ θελήσεως

13, 1 s. del. Theiler 13, 15 καθ' Kirchhoff: καὶ 13, 16 ἑαυτῷ Theiler: ἑαυτῇ 13, 17 τόση Theiler: τὸ ὅση

nicht zugestehen, nicht weil etwas Anderes über Ihn mächtig
ist, sondern weil wir das 'mächtig seiner selbst' der Seinsheit
zugeteilt, Jenes aber in einen höheren Rang gestellt haben,
als dem entspräche. Und was besagt dies 'in einem höheren
Rang als das mächtig seiner selbst'? Nun, dort sind Seinsheit *110*
und Betätigung in gewissem Sinne Zweiheit, und sie gaben von
der Betätigung aus gesehen den Begriff des Mächtig-seins, der
aber war mit der Seinsheit identisch: so wurde denn das Mäch-
tig-sein gesondert genommen und eben dies wurde 'seiner selbst
mächtig' genannt. Hingegen dort, wo nicht eine zur Einheit verbundene Zweiheit vorliegt, sondern reine Einheit – denn entweder ist Jenes lediglich Betätigung oder überhaupt nicht Betätigung –, dort trifft auch das 'Herr über sich selbst sein' nicht zu.

13 Indessen, wenn es schon geboten ist, diese Bezeichnungen des *111*
gesuchten Gegenstandes einzuführen, so sei erneut betont, daß
einerseits mit Recht gesagt ist, daß Jenes auch nicht nur in Gedanken zu einer Zweiheit zu machen ist; für den Augenblick
aber wollen wir, die Zustimmung zu wecken, in unserer Dar-
legung sogar ein wenig unlogisch vorgehen. Wenn wir Ihm also *112*
Betätigungen zugestehen und diese seine Betätigungen gleichsam seinem Willen zuschreiben (denn ohne zu wollen betätigt
er sich nicht), zugleich aber diese Betätigungen gleichsam seine
'Seinsheit' sind, dann müssen sein Wille und seine Seinsheit
identisch sein. Und wenn das, dann ist er also so, wie er es je- *113*
weils wollte. Daß er will und sich betätigt, wie es seiner Anlage
entspricht, gilt also ebenso wie, daß seine Seinsheit so ist, wie
es seinem Willen und seiner Betätigung entspricht. Mithin ist
er schlechthin Herr seiner selbst, indem auch sein Sein in seiner
freien Verfügung steht. Aber auch Folgendes fasse ins Auge: *114*
Jedes Seiende trachtet nach dem Guten und möchte lieber
dies sein als das, was es ist; es glaubt, dann im höchsten Grade
zu sein, wenn es am Guten Teil erhält; in solcher Lage begehrt *115*
ein jedes Wesen das Sein, wie viel es vom Guten bekommt, da
ihm offenbar die Wesenheit des Guten bei weitem begehrens-
werter ist, wenn denn ein so und so großer Anteil am Guten bei
einem Anderen am begehrenswertesten ist, seine frei gewollte
Seinsheit, die nach seinem Willen ihm zuteil wird, die eines
und dasselbe ist mit seinem Willen und durch seinen Willen

ὑποστᾶσα· καὶ ἕως μὲν τὸ ἀγαθὸν μὴ εἶχεν ἕκαστον, ἠθέλησεν ἄλλο, ᾗ δὲ ἔσχεν, ἑαυτό τε θέλει ἤδη καὶ ἔστιν οὔτε κατὰ τύχην ἡ τοιαύτη παρουσία οὔτε ἔξω τῆς βουλήσεως αὐτοῦ ἡ οὐσία, καὶ τούτῳ καὶ ὁρίζεται καὶ ἑαυτῆς ἐστι τούτῳ. εἰ οὖν τούτῳ αὐτό τι ἕκαστον ἑαυτὸ ποιεῖ, δῆλον δήπου γίνεται ἤδη, ὡς ἐκεῖνο ἂν εἴη ἑαυτῷ τοιοῦτον πρώτως, ᾧ καὶ τὰ ἄλλα [ἑαυτοῖς] ἔστιν εἶναι, καὶ σύνεστιν αὐτοῦ τῇ οἷον οὐσίᾳ ἡ θέλησις τοῦ οἷον τοιοῦτον εἶναι, καὶ οὐκ ἔστιν αὐτὸν λαβεῖν ἄνευ τοῦ θέλειν ἑαυτῷ ὅπερ ἐστί, καὶ σύνδρομος αὐτὸς ἑαυτῷ θέλων αὐτὸς εἶναι καὶ τοῦτο ὤν, ὅπερ θέλει, καὶ ἡ θέλησις καὶ αὐτὸς ἕν, καὶ τούτῳ οὐχ ἧττον ἕν, ὅτι μὴ ἄλλο αὐτός, ὅπερ ἔτυχεν, ἄλλο δὲ τὸ ὡς ἐβουλήθη ἄν. τί γὰρ ἂν καὶ ἠθέλησεν ἢ τοῦτο, ὅ ἐστι; καὶ γὰρ εἰ ὑποθοίμεθα ἑλέσθαι αὐτῷ ὅ τι θέλοι γενέσθαι, καὶ ἐξεῖναι αὐτῷ ἀλλάξασθαι τὴν αὑτοῦ φύσιν εἰς ἄλλο, μήτ' ἂν ἄλλο τι γενέσθαι βουληθείη ἄν, μήτ' ἂν ἑαυτῷ τι μέμψασθαι ὡς ὑπὸ ἀνάγκης τοῦτο ὤν, ὅ ἐστι, οὐ τῷ αὐτὸς εἶναι, ὅπερ αὐτὸς ἀεὶ ἠθέλησε καὶ θέλει. ἔστι γὰρ ὄντως ἡ ἀγαθοῦ φύσις θέλησις αὐτοῦ οὐ δεδεκασμένου οὐδὲ τῇ ἑαυτοῦ φύσει ἐπισπωμένου, ἀλλ' ἑαυτὸν ἑλομένου, ὅτι μηδὲ ἦν ἄλλο, ἵνα πρὸς ἐκεῖνο ἑλχθῇ. καὶ μὴν κἀκεῖνο ἄν τις λέγοι, ὡς ἐν τῇ αὐτῶν ἕκαστον τὰ ἄλλα οὐσίᾳ οὐ περιείληφε τὸν λόγον τὸν τοῦ ἀρέσκεσθαι αὑτῷ· καὶ γὰρ ἂν καὶ δυσχεραίνοι τι αὑτό. ἐν δὲ τῇ τοῦ ἀγαθοῦ ὑποστάσει ἀνάγκη τὴν αἵρεσιν καὶ τὴν αὐτοῦ θέλησιν ἐμπεριειλημμένην εἶναι ἢ σχολῇ γ' ἂν ἄλλῳ ὑπάρχοι ἑαυτῷ ἀρεστῷ εἶναι, ἃ μετουσίᾳ ἢ ἀγαθοῦ φαντασίᾳ ἀρέσκεται αὑτοῖς. δεῖ δὲ συγχωρεῖν τοῖς ὀνόμασιν, εἴ τις περὶ ἐκείνου λέγων ἐξ ἀνάγκης ἐνδείξεως ἕνεκα αὐτοῖς

13, 26 del. Theiler 13, 35 βουληθείη ἄν Theiler: βουληθῆναι 13, 37 οὐ τῷ Theiler: τοῦτο τό

zur Existenz gelangt; solange nämlich das Einzelwesen das 116
Gute nicht besaß, wollte es etwas Anderes, sobald es aber das
Gute erlangt, will es dann sich selber, und die Gegenwart des
Guten ist ihm weder von ungefähr noch seine Seinsheit außerhalb seines Willens; sie wird durch das Gute begrenzt und gehört vermöge des Guten sich selbst. Wenn nun durch das Gute 117
jedes Einzelwesen sich selber schafft, dann wird doch nunmehr
eindeutig klar, daß das Gute durch sich selbst ein solches primär ist, durch das auch die übrigen Dinge die Möglichkeit,
solches zu sein, haben, und daß der sog. 'Seinsheit' des Guten der Wille gesellt ist, gleichsam von solcher Beschaffenheit zu sein; und daß man Jenen Höchsten garnicht erfassen 118
kann ohne seinen Willen, der sein Sein bejaht; Er ist einhellig
mit sich selber, er will er selber sein und ist das, was er will, sein
Wille und er selber sind Einheit, und er ist durch diesen Umstand um nichts weniger Eins, denn er ist nicht selber etwas
Beliebiges, das verschieden wäre von dem, was er wohl sein
möchte. Was sollte er auch anderes wollen als das, was er ist? 119
Gesetzt auch, er könnte wählen, das zu werden, was er wollte,
und dürfte seine Wesensanlage in eine andere verwandeln, er
hätte doch nicht den Willen, etwas Anderes zu werden noch an
sich selber etwas zu tadeln, als wäre er aus Zwang das, was er
ist, und nicht durch sein Selber-sein, was er selber stets gewollt
hat und will. Denn die Wesenheit des Guten ist wahrhaft Wille 120
seiner selbst, das nicht bestochen und auch nicht durch die
eigene Anlage verleitet ist, sondern sich selber frei wählt; es
gab ja auch gar kein anderes Ding, daß er zu diesem hätte hin-
gezogen werden können. Auch folgende Erwägung könnte man 121
anführen. Die übrigen Wesen enthalten jeweils in ihrer Seinsheit nicht die Bestimmung, daß sie an sich selbst Gefallen finden; es kann ja durchaus ein Wesen mit sich unzufrieden sein. In
der Daseinsform des Guten dagegen muß notwendig Wahl und
Willensbejahung seiner selbst enthalten sein; denn sonst könnte schwerlich ein anderes Wesen von diesen die Möglichkeit
haben, an sich selbst Gefallen zu finden, die erst vermöge der
Gegenwart oder der Vorstellung des Guten an sich selbst Gefallen finden. Übrigens möge man Nachsicht haben, wenn wir 122
in der Aussage über jenen Höchsten notgedrungen, um eine

χρῆται, ἃ ἀκριβείᾳ οὐκ ἐῶμεν λέγεσθαι· λαμβανέτω δὲ καὶ τὸ οἷον ἐφ' ἑκάστου. εἰ οὖν ὑφέστηκε τὸ ἀγαθὸν καὶ συνυφίστησιν αὐτὸ ἡ αἵρεσις καὶ ἡ βούλησις – ἄνευ γὰρ τούτων οὐκ ἔσται – δεῖ δὲ τοῦτο μὴ πολλὰ εἶναι, συνακτέον εἰς ἓν τὴν βούλησιν καὶ τὴν οὐσίαν [καὶ τὸ θέλειν]· τὸ δὲ θέλειν ⟨εἰ⟩ παρ' αὐτοῦ, ἀνάγκη παρ' αὐτοῦ καὶ τὸ εἶναι αὐτῷ εἶναι, ὥστε αὐτὸν πεποιηκέναι αὐτὸν ὁ λόγος ἀνεῦρεν. εἰ γὰρ ἡ βούλησις παρ' αὐτοῦ καὶ οἷον ἔργον αὐτοῦ, αὕτη δὲ ταὐτὸν τῇ ὑποστάσει αὐτοῦ, αὐτὸς ἂν οὕτως ὑποστήσας ἂν εἴη αὐτόν· ὥστε οὐχ ὅπερ ἔτυχέν ἐστιν, ἀλλ' ὅπερ ἐβουλήθη αὐτός.

14 Ἔτι δὲ ὁρᾶν δεῖ καὶ ταύτῃ· ἕκαστον τῶν λεγομένων εἶναι ἢ ταὐτόν ἐστι τῷ εἶναι αὐτοῦ ἢ ἕτερον· οἷον ἄνθρωπος ὅδε ἕτερος, καὶ τὸ ἀνθρώπῳ εἶναι ἄλλο· μετέχει γε μὴν ὁ ἄνθρωπος τοῦ ὅ ἐστιν ἀνθρώπῳ εἶναι. ψυχὴ δὲ καὶ τὸ ψυχῇ εἶναι ταὐτόν, εἰ ἁπλοῦν ψυχὴ καὶ μὴ κατ' ἄλλου, καὶ ἄνθρωπος αὐτὸ καὶ τὸ ἀνθρώπῳ εἶναι. καὶ τὸ μὲν ἂν κατὰ τύχην γένοιτο [ἄνθρωπος] τὸ ἕτερον τοῦ ἀνθρώπῳ εἶναι, τὸ δὲ ἀνθρώπῳ εἶναι οὐκ ἂν γένοιτο κατὰ τύχην· τοῦτο δ' ἐστὶ παρ' αὐτοῦ [ἄνθρωπος αὐτό]. εἰ δὴ τὸ ἀνθρώπῳ εἶναι παρ' αὐτοῦ καὶ οὐ κατὰ τύχην τοῦτο οὐδὲ συμβέβηκε, πῶς ἂν τὸ ὑπὲρ τὸ ἄνθρωπος αὐτό, τὸ γεννητικὸν τοῦ ἀνθρώπου αὐτό, καὶ οὗ τὰ ὄντα πάντα, κατὰ τύχην ἂν λέγοιτο, φύσις ἁπλουστέρα τοῦ ἄνθρωπον εἶναι καὶ τοῦ ὅλως τὸ ὂν εἶναι, εἰ πρὸς τὸ ἁπλοῦν ἰόντι οὐκ ἔστι συναναφέρειν τὴν τύχην, ὥστε καὶ εἰς τὸ ἁπλούστατον ἀδύνατον ἀναβαίνειν τὴν τύχην; ἔτι δὲ κἀκεῖνο ἀναμνησθῆναι προσήκει ἤδη που εἰρημένον, ὡς ἕκαστον τῶν κατὰ ἀλήθειαν ὄντων καὶ ὑπ' ἐκείνης τῆς φύσεως ἐλθόντων εἰς ὑπόστασιν, καὶ εἴ τι δὲ ἐν τοῖς αἰσθητοῖς τοιοῦτον, τῷ ἀπ' ἐκείνων τοιοῦτον·

13, 52 εἰς Kirchhoff: ὡς 13, 53 del. Vitringa add. Ficinus 14, 7 del. Kirchhoff τὸ Theiler: ὅτῳ 14, 9 del. Theiler

Andeutung zu geben, solche Ausdrücke gebrauchen, die wir
streng genommen nicht zulassen; man möge in jedem Einzel-
falle ein 'gleichsam' mitverstehen. Wenn also das Gute ent- *123*
standen ist und seine Entstehung mit bedingt ist durch Wahl
und eigne Willensbejahung – denn ohne sie würde es garnicht
sein können –, wenn ferner das Gute nicht Vielheit sein kann,
dann ist sein Wille und seine Seinsheit in Eins zusammenzu-
fassen. Wenn aber sein Wollen von ihm selbst stammt, so hat
er auch sein Sein notwendigerweise von sich selbst. Mithin er- *124*
gibt unsere Erwägung, daß Jener selbst sich selbst hervorgebracht hat. Denn wenn der Wille aus ihm kommt und gleichsam sein Werk ist, zugleich aber identisch ist mit seiner Existenz, dann hat Er sich selber so, wie er ist, zur Existenz gebracht. Er ist mithin nichts Beliebiges, sondern das, was Er
selber gewollt hat.

14 Weiter sehe man auf folgendem Wege zu. Jedes Ding, von *125*
dem man sagen kann, daß es ist, ist entweder mit seinem Sein
identisch oder von ihm verschieden; z.B. dieser bestimmte
Mensch ist verschieden von dem Menschsein; hat doch der bestimmte Mensch Teil an dem Menschsein. 'Seele aber und See- *126*
lesein sind identisch', wenn denn die Seele ein Einfaches ist,
das nicht zu einem andern Ding gehört; und so ist identisch
Mensch an sich und Menschsein; jenes nun, das vom Menschsein Verschiedene, kann von ungefähr entstehen, das Menschsein dagegen kann nicht von ungefähr entstehen; aber das
heißt, von sich selber her. Ist nun aber das Menschsein aus sich *127*
selber und nicht von ungefähr und kommt es ihm auch nicht zu,
wie kann man da dasjenige, welches über dem Menschen an
sich steht, das den Menschen an sich erzeugt und dem alle
seienden Dinge angehören, von ungefähr nennen, eine Wesenheit, welche einfacher ist als das Menschsein und überhaupt
als das Seiendsein, wenn man beim Aufstieg zum Einfachen
das Ungefähr nicht mit hinaufnehmen darf, woraus ja folgt,
daß unmöglich zum Einfachsten das Ungefähr hinaufsteigen
kann? Weiter aber ist auch jenes schon früher einmal Gesag- *128*
ten Erwähnung zu tun, daß jedes Ding, welches in Wahrheit
ist und durch Jene Wesenheit zur Existenz gekommen ist,
aber auch wenn es in der Sinnenwelt ein solches Ding gibt, sobe-

λέγω δὲ τὸ τοιοῦτον τὸ σὺν αὐτῶν τῇ οὐσίᾳ ἔχειν καὶ τῆς ὑποστάσεως τὴν αἰτίαν, ὥστε τὸν ὕστερον θεατὴν ἑκάστου ἔχειν εἰπεῖν, διὸ ἕκαστον τῶν ἐνυπαρχόντων, οἷον διὰ τί ὀφθαλμὸς καὶ διὰ τί πόδες τοῖσδε τοιοίδε, καὶ τὴν αἰτίαν συναπογεννῶσαν ἕκαστον μέρος ἑκάστου εἶναι καὶ δι' ἄλληλα τὰ μέρη εἶναι. διὰ τί πόδες εἰς μῆκος; ὅτι καὶ τόδε τοιόνδε καὶ ὅτι πρόσωπον τοιόνδε, καὶ πόδες τοιοίδε. καὶ ὅλως ἡ πρὸς ἄλληλα πάντων συμφωνία ἀλλήλοις αἰτία· καὶ τὸ διὰ τί τόδε, ὅτι τοῦτ' ἔστι τὸ ἀνθρώπῳ εἶναι· ὥστε ἓν καὶ τὸ αὐτὸ τὸ εἶναι καὶ τὸ αἴτιον. ταῦτα δὲ ἐκ μιᾶς πηγῆς οὕτως ἦλθεν οὐ λελογισμένης, ἀλλὰ παρεχούσης ὅλον ἀθρόον τὸ διὰ τί καὶ τὸ εἶναι. πηγὴ οὖν τοῦ εἶναι καὶ τοῦ διὰ τί εἶναι ὁμοῦ ἄμφω διδοῦσα· ἀλλὰ οἷα τὰ γινόμενα, πολὺ ἀρχετυπώτερον καὶ ἀληθέστερον καὶ μᾶλλον ἢ κατ' ἐκεῖνα πρὸς τὸ βέλτιον τὸ ἀφ' οὗ ταῦτα. εἰ οὖν μηδὲν εἰκῇ μηδὲ κατὰ τύχην μηδὲ τὸ «συνέβη γὰρ οὕτως» τῶν ὅσα τὰς αἰτίας ἐν αὐτοῖς ἔχει, ἔχει δὲ τὰ ἐξ αὐτοῦ ἅπαντα, λόγου ὢν καὶ αἰτίας καὶ οὐσίας αἰτιώδους πατήρ, ἃ δὴ πάντα πόρρω ὑπάρχει τύχης, εἴη ἂν ἀρχὴ καὶ οἷον παράδειγμα τῶν ὅσα μὴ κεκοινώνηκε τύχῃ, τὸ ὄντως καὶ τὸ πρῶτον, ἀμιγὲς τύχαις καὶ αὐτομάτῳ καὶ συμβάσει, αἴτιον ἑαυτοῦ καὶ παρ' αὐτοῦ καὶ δι' αὐτὸν αὐτός· καὶ γὰρ πρώτως αὐτὸς καὶ ὑπερόντως αὐτός.

Καὶ ἐράσμιον καὶ ἔρως [ὁ] αὐτὸς καὶ αὑτοῦ ἔρως 15
ἅτε οὐκ ἄλλως καλὸς ἢ παρ' αὐτοῦ καὶ ἐν αὐτῷ. καὶ γὰρ καὶ τὸ συνεῖναι ἑαυτῷ οὐκ ἂν ἄλλως ἔχοι, εἰ μὴ τὸ

15, 1 del. Theiler

schaffen ist kraft seiner Herkunft von den oberen Wesen; mit *129*
sobeschaffen meine ich folgendes: diese Dinge besitzen zugleich mit ihrer Seinsheit auch die Ursache ihrer Existenz, so daß der nachträgliche Beschauer des einzelnen Dinges sagen kann, aus welchem Grunde jedes Einzelding seines Inhaltes da ist, z. B. warum das Auge da ist, warum die und die Wesen die und die Beine haben, und daß die Ursache, die jedes hervorbringt, ein Teil von jedem sei und die Teile in Wechselbe-
ziehung zu einander stehen. Warum sind die Beine so und so *130*
lang? Weil ein anderes Glied so und so beschaffen ist und weil das Gesicht so und so beschaffen ist, darum sind die Beine so und so beschaffen. Allgemein gesprochen ist die gegenseitige Harmonie aller Teile ihre gegenseitige Ursache; und das Warum für dies Wesen besteht darin, daß dies eben das Menschsein ist; somit ist das Sein und die Ursache identisch.
Und zwar ist dies so aus einem einzigen Quell gekommen, der *131*
es nicht ausgeklügelt hat, sondern mit eins als Ganzes darbot das Warum und das Sein. Das ist der Quell des Seins sowohl wie des Warumseins, welcher beides zumal gewährt; aber wie die entstandenen Wesen, nur weit ursprünglicher und wahrhafter und mehr, als es bei jenen der Fall ist, dem Besseren zu-
gewandt, ist Jenes, von dem sie stammen. Wenn nun nichts *132*
beliebig ist und von ungefähr und kein 'denn es traf sich so' bei allen Dingen, welche ihre Ursache in sich selber tragen, und wenn dies alle Dinge in sich tragen, die von Jenem stammen, dann ist Jener, als der 'Vater' ihrer rationalen Form und 'Ursache' und verursachenden Seinsheit (alles Dinge, die weit
entfernt sind vom bloßen Ungefähr), anzusprechen als Prinzip *133*
und gleichsam Urbild aller Dinge, welche mit dem Ungefähr keinen Umgang pflegen; er ist, als überhoben allen Ungefährs und blinden Waltens und bloßen 'es trifft sich', die wahrhafte und erste Ursache seiner selbst, und von sich aus und um seiner selbst willen ist er selbst; denn primär ist er selbst und über das Sein hinaus er selbst.

15 Ferner ist er selbst das Liebeerweckende und das Liebes- *134*
verlangen, er ist Liebe zu sich selbst; er kann schön ja nur aus sich selbst und in sich selbst sein. Auch könnte die Beiwohnung bei sich selbst ihm unter keinen anderen Umständen zu-

συνὸν καὶ τὸ ᾧ σύνεστιν ἓν καὶ ταὐτὸν εἴη. εἰ δὲ τὸ συνὸν τῷ ᾧ σύνεστιν ἓν καὶ τὸ οἷον ἐφιέμενον τῷ ἐφετῷ ἕν, τὸ δὲ ἐφετὸν κατὰ τὴν ὑπόστασιν καὶ οἷον ὑποκείμενον, πάλιν αὖ ἡμῖν ἀνεφάνη ταὐτὸν ἡ ἔφεσις καὶ ἡ οὐσία. εἰ δὲ τοῦτο, πάλιν αὖ αὐτός ἐστιν οὗτος ὁ ποιῶν ἑαυτὸν καὶ κύριος ἑαυτοῦ καὶ οὐχ ὥς τι ἕτερον ἠθέλησε γενόμενος, ἀλλ' ὡς θέλει αὐτός. καὶ μὴν καὶ λέγοντες αὐτὸν οὔτε τι εἰς αὐτὸν δέχεσθαι οὔτε ἄλλο αὐτὸν καὶ ταύτῃ ἂν εἴημεν ἔξω ποιοῦντες τοῦ τύχῃ εἶναι τοιοῦτον οὐ μόνον τῷ μονοῦν αὐτὸν καὶ τῷ καθαρὸν ποιεῖν ἁπάντων, ἀλλ' ὅτι, εἴ ποτε καὶ αὐτοὶ ἐν αὐτοῖς ἐνίδοιμέν τινα φύσιν τοιαύτην οὐδὲν ἔχουσαν τῶν ἄλλων, ὅσα συνήρτηται ἡμῖν, καθὰ πάσχειν ὅ τι περ ἂν συμβῇ καὶ κατὰ τύχην ⟨ἣ⟩ ὑπάρχει – πάντα γὰρ τὰ ἄλλα, ὅσα ἡμῶν, δοῦλα καὶ ἐκκείμενα τύχαις καὶ οἷον κατὰ τύχην προσελθόντα, τούτῳ δὲ μόνῳ τὸ κύριον αὐτοῦ καὶ τὸ αὐτεξούσιον φωτὸς ἀγαθοειδοῦς καὶ ἀγαθοῦ ἐνεργείᾳ καὶ μείζονος ἢ κατὰ νοῦν, οὐκ ἐπακτὸν τὸ ὑπὲρ τὸ νοεῖν ἐχούσῃ· εἰς ὃ δὴ ἀναβάντες καὶ γενόμενοι τοῦτο μόνον, τὰ δ' ἄλλα ἀφέντες, τί ἂν εἴποιμεν αὐτοὶ ἢ ὅτι πλέον ἢ ἐλεύθεροι, καὶ πλέον ἢ αὐτεξούσιοι; τίς δ' ἂν ἡμᾶς προσάψειε τότε τύχαις ἢ τῷ εἰκῇ ἢ τῷ συμβέβηκεν αὐτὸ τὸ ἀληθινὸν ζῆν γενομένους ἢ ἐν τούτῳ γενομένους, ὃ μηδὲν ἔχει ἄλλο, ἀλλ' ἔστιν αὐτὸ μόνον; τὰ μὲν οὖν ἄλλα μονούμενα οὐκ ἔστιν αὐτοῖς αὐτάρκη εἶναι εἰς τὸ εἶναι· τοῦτο δέ ἐστιν ὅ ἐστι καὶ μονούμενον. ὑπόστασις δὲ πρώτη οὐκ ἐν ἀψύχῳ οὐδ' ἐν ζωῇ ἀλόγῳ· ἀσθενὴς γὰρ εἰς τὸ εἶναι καὶ αὕτη σκέδασις οὖσα λόγου καὶ ἀοριστία· ἀλλ' ὅσῳ πρόεισιν εἰς λόγον, ἀπο-

15, 16 add. Theiler 15, 17 ἐκκείμενα Kirchhoff: κείμενα 15, 21 ἐχούσῃ Kirchhoff: ἐχούσης 15, 22 αὐτοὶ Theiler: αὐτό

teil werden, es sei denn, das Beiwohnende ist identisch mit dem,
dem es beiwohnt. Wenn aber das Beiwohnende und das, dem 135
es beiwohnt, Eines sind, wenn das gleichsam Verlangende und
der Gegenstand des Verlangens Eines sind, der Gegenstand
aber des Verlangens analog dem Dasein und gleichsam zugrunde liegt, dann hat sich uns damit von neuem sein Verlangen und seine Seinsheit als identisch herausgestellt. Ist dem 136
aber so, dann gilt aufs neue von ihm, daß Er es ist, der sich selber hervorbringt und Herr über sich selbst ist und nicht wurde,
wie ein anderes Ding es wollte, sondern wie er es selber will.
Und weiter, wenn wir von Ihm sagen, daß er nichts in sich aufnimmt noch ein Anderes ihn, so stellen wir ihn bei solcher Beschaffenheit wiederum außerhalb des Ungefähr, nicht nur weil
wir ihn damit allein sein lassen und ungetrübt von allem andern; sondern es steht damit so: wenn wir in uns selber einmal 137
eine Wesenheit solcher Beschaffenheit erschauen dürfen, welche nichts an sich hat von all den andern uns anhängenden
Dingen, vermöge derer uns zu erleiden, was auch immer sich
trifft und von ungefähr ist, zuteil wird – denn alle anderen 138
Dinge, die zu uns gehören, sind den Zufällen ausgesetzt und
unterworfen und nahen uns gleichsam nur von ungefähr; dies
allein aber hat Vollmacht über sich und Selbstbestimmung
vermöge der Wirkung eines Lichtes, das gutgestaltig, ja gut
ist und größer als der Geist, einer Wirkung, der das 'jenseits
des Geistes liegen' nicht erst nachträglich anhaftet: wenn wir 139
also zu diesem hinaufgestiegen und ausschließlich dies geworden sind, alles andere fahren gelassen haben, was sollen wir
dann selbst sagen, als daß wir hinaus sind über die Freiheit und
hinaus über die Selbständigkeit? Wer wollte uns dann noch 140
abhängig machen von Zufällen und Beliebigkeit und bloßem
Zukommen, da wir das wahrhafte Leben selber geworden sind
bzw. eingetreten in dasjenige, welches nichts Anderes an
sich hat, sondern nur es selbst ist? Die anderen Dinge können, 141
allein gelassen, nicht die Selbstgenügsamkeit haben, um zu
sein; dies aber ist, was es ist, auch allein gelassen. Als Erste
Existenz besteht es weder im Unbeseelten noch auch in einem
Leben ohne Vernunft; denn schwach ist auch ein solches Leben im Hinblick auf das Sein, denn es ist Zerstreuung der Ver-

λείπει τύχην· τὸ γὰρ κατὰ λόγον οὐ τύχη. ἀναβαίνουσι δὲ ἡμῖν ἐκεῖνο μὲν οὐ λόγος, κάλλιον δὲ ἢ λόγος· τοσοῦτον ἀπέχει τοῦ τύχῃ συμβῆναι. ῥίζα γὰρ λόγου παρ' αὐτῆς καὶ εἰς τοῦτο λήγει τὰ πάντα, ὥσπερ φυτοῦ μεγίστου κατὰ λόγον ζῶντος ἀρχὴ καὶ βάσις μένουσα [γὰρ] αὐτὴ ἐφ' ἑαυτῆς, διδοῦσα δὲ κατὰ λόγον τῷ φυτῷ, ὃν ἔλαβεν, εἶναι.

16 'Επεὶ δέ φαμεν καὶ δοκεῖ πανταχοῦ τε εἶναι τοῦτο καὶ αὖ εἶναι οὐδαμοῦ, τοῦτό τοι χρὴ ἐνθυμηθῆναι καὶ νοῆσαι, οἷον δεῖ καὶ ἐντεῦθεν σκοπουμένοις θέσθαι περὶ ὧν ζητοῦμεν. εἰ γὰρ μηδαμοῦ, οὐδαμοῦ συμβέβηκε, καὶ εἰ πανταχοῦ, ὅσος ἐστὶν αὐτός, τοσοῦτος πανταχοῦ· ὥστε τὸ πανταχοῦ καὶ τὸ πάντῃ αὐτός, οὐκ ἐν ἐκείνῳ ὢν τῷ πανταχοῦ, ἀλλ' αὐτὸς ὢν τοῦτο καὶ δοὺς εἶναι τοῖς ἄλλοις ἐν τῷ πανταχοῦ παρακεῖσθαι. ὁ δ' ὑπερτάτην ἔχων τάξιν, μᾶλλον δὲ οὐκ ἔχων, ἀλλ' ὢν ὑπέρτατος αὐτός, δοῦλα πάντα ἔχει, οὐ συμβὰς αὐτοῖς, αὐτῷ δὲ τῶν ἄλλων, μᾶλλον δὲ περὶ αὐτὸν τῶν ἄλλων, οὐ πρὸς αὐτὰ βλέποντος αὐτοῦ, ἀλλ' ἐκείνων πρὸς αὐτόν· ὁ δ' εἰς τὸ εἴσω οἷον φέρεται αὐτοῦ οἷον ἑαυτὸν ἀγαπήσας, αὐγὴν καθαράν, αὐτὸς ὢν τοῦτο, ὅπερ ἠγάπησε· τοῦτο δ' ἐστὶν ὑποστήσας αὐτόν, εἴπερ ἐνέργεια μένουσα καὶ τὸ ἀγαπητότατον οἷον νοῦς. νοῦς δὲ ἐνέργημα· ὥστε ἐνέργημα αὐτός. ἀλλὰ ἄλλου μὲν οὐδενός· ἑαυτοῦ ἄρα ἐνέργημα αὐτός. Οὐκ ἄρα ὡς συμβέβηκέν ἐστιν, ἀλλ' ὡς ἐνεργεῖ αὐτός. ἔτι τοίνυν, εἰ ἔστι μάλιστα, ὅτι [πρὸς] αὐτὸν οἷον στηρίζει καὶ οἷον πρὸς αὐτὸν βλέπει καὶ τὸ οἷον εἶναι τοῦτο αὐτῷ τὸ πρὸς αὐτὸν βλέπειν, οἷον ποιοῖ ἂν αὐτόν· οὐχ ὡς ἔτυχεν ἄρα

15, 35 del. Kirchhoff 16, 19 del. Beutler

nunft und Unbegrenztheit; je weiter es freilich zu Vernunft aufsteigt, läßt es das Ungefähr hinter sich; denn was vernunftgemäß ist, ist nicht von ungefähr. Wenn wir dann aber hinauf- *142*
schreiten, so erweist sich Jenes Oberste nicht als Vernunft, sondern als schöner denn Vernunft; so weit ist es entfernt von ungefährem 'es traf sich'. Denn es ist die Wurzel aller Vernunft von sich aus, in dies münden alle Dinge ein, gleichsam Prinzip und Grund eines riesigen Gewächses, welches nach der Vernunft lebt; er verharrt bei sich selbst, gewährt aber dem Gewächs je nach der Vernunft, die es aufnimmt, das Sein.

16 Da wir ferner behaupten und es auch so scheint, daß Jenes *143*
überall ist und doch wieder nirgends ist, so wollen wir auch diesen Punkt in Betracht ziehen und überlegen, welche Eigenschaften sich auch von hier aus gesehen für den Gegenstand unserer Untersuchung ergeben. Wenn Er nämlich nirgends *144*
ist, so kommt ihm auch nirgends etwas zu. Und wenn er überall ist, so ist er als so großer, wie er ist, überall; daher ist das 'überall' und das 'schlechthin' er selbst, er ist nicht in dem Überall, sondern er ist es selber und gewährt den andern die Möglichkeit, im Überall vorhanden zu sein. Er aber, der die *145*
höchste Stelle hat, oder vielmehr nicht hat, sondern selber der Höchste ist, hat alle Dinge zu Knechten, nicht daß er ihnen zukommt, sondern die anderen ihm, oder vielmehr die andern Dinge sind um ihn, er blickt nicht auf sie, sondern sie auf ihn. Er dringt gleichsam in sein eigenes Innere, denn er hat gleich- *146*
sam Liebe zu sich selbst, dem 'reinen Glanze', ist er doch selber das, wozu er Liebe faßte; und das bedeutet, daß er sich selbst zur Existenz gebracht hat; denn er ist verharrende Wirksamkeit, und der höchste Gegenstand der Liebe ist gleichsam Geist. Geist aber ist das Ergebnis der Wirksamkeit. Mithin ist *147*
Er selber Ergebnis der Wirksamkeit. Es kann aber dies nicht die Wirksamkeit eines andern sein; mithin ist er selber Ergebnis seiner eignen Wirksamkeit. Er ist also nicht, wie es ihm zufällig zukommt, sondern so wie er selbst Wirksamkeit übt. Wenn Er ferner deshalb im höchsten Grade ist, weil er sich sel- *148*
ber gleichsam 'stützt' und gleichsam auf sich selber 'hinschaut' und dieses 'auf sich selber Hinschauen' sein 'Sein' ausmacht, dann dürfte er sich selber 'hervorbringen'. Er ist also nicht von

ἐστίν, ἀλλ᾽ ὡς αὐτὸς θέλει, καὶ οὐδ᾽ ἡ θέλησις εἰκῇ οὐδ᾽ οὕτω συνέβη· τοῦ γὰρ ἀρίστου ἡ θέλησις οὖσα οὐκ ἔστιν εἰκῇ. ὅτι δ᾽ ἡ τοιαύτη νεῦσις αὐτοῦ, πρὸς αὐτὸν οἷον ἐνέργεια οὖσα αὐτοῦ καὶ μονὴ ἐν αὐτῷ, τὸ εἶναι ὅ ἐστι ποιεῖ, μαρτυρεῖ ὑποτεθὲν τοὐναντίον· ὅτι, εἰ πρὸς τὸ ἔξω νεύσειεν αὐτοῦ, ἀπολεῖ τὸ εἶναι ὅπερ ἐστί· τὸ ἄρα εἶναι ὅπερ ἐστὶν ἡ ἐνέργεια ἡ πρὸς αὐτόν· τοῦτο δὲ ἓν καὶ αὐτός. αὐτὸς ἄρα ὑπέστησεν αὐτὸν συνεξενεχθείσης τῆς ἐνεργείας μετ᾽ αὐτοῦ. εἰ οὖν μὴ γέγονεν, ἀλλ᾽ ἦν ἀεὶ ἡ ἐνέργεια αὐτοῦ καὶ οἷον ἐγρήγορσις οὐκ ἄλλου ὄντος τοῦ ἐγρηγορότος, ἐγρήγορσις καὶ ὑπερνόησις ἀεὶ οὖσα, ἔστιν οὕτως, ὡς ἐγρηγόρησεν. ἡ δὲ ἐγρήγορσίς ἐστιν ἐπέκεινα οὐσίας καὶ νοῦ καὶ ζωῆς ἔμφρονος· ταῦτα δὲ αὐτός ἐστιν. αὐτὸς ἄρα ἐστὶν ἐνέργεια ὑπὲρ νοῦν καὶ φρόνησιν καὶ ζωήν· ἐξ αὐτοῦ δὲ ταῦτα καὶ οὐ παρ᾽ ἄλλου. παρ᾽ αὐτοῦ ἄρα αὐτῷ καὶ ἐξ αὐτοῦ τὸ εἶναι. οὐκ ἄρα, ὡς συνέβη, οὕτως ἐστίν, ἀλλ᾽ ὡς ἠθέλησεν αὐτός ἐστιν.

Ἔτι δὲ καὶ ὧδε· ἕκαστά φαμεν τὰ ἐν τῷ παντὶ καὶ 17
τόδε τὸ πᾶν οὕτως ἔχειν ὡς ἂν ἔσχεν, εἰ ἡ τοῦ ποιοῦντος προαίρεσις ἠθέλησε καὶ [οὕτως ἔχειν ὡς ἂν] προελόμενος καὶ προϊδὼν ἐν λογισμοῖς κατὰ πρόνοιαν οὗτος εἰργάσατο. ἀεὶ δὲ οὕτως ἐχόντων καὶ ἀεὶ οὕτως γινομένων, οὕτω τοι καὶ ἀεὶ ἐν τοῖς οὖσι κεῖσθαι τοὺς λόγους ἐν μείζονι εὐθημοσύνῃ ἑστῶτας· ὥστε ἐπέκεινα προνοίας τἀκεῖ εἶναι καὶ ἐπέκεινα προαιρέσεως καὶ πάντα ἀεὶ νοερῶς ἑστηκότα εἶναι, ὅσα ἐν τῷ ὄντι. ὥστε τὴν οὕτω διάθεσιν εἴ τις ὀνομάζει πρόνοιαν, οὕτω νοείτω, ὅτι ἐστὶ πρὸ τοῦδε νοῦς τοῦ παντὸς ἑστώς, ἀφ᾽ οὗ καὶ καθ᾽ ὃν τὸ πᾶν τόδε. εἰ μὲν οὖν νοῦς πρὸ πάντων καὶ ἀρχὴ ὁ τοιοῦτος

17, 2 εἰ Ficinus: ὡς 17, 3 del. Theiler προελόμενος Beutler: προιέμενος 17, 4 οὗτος Theiler: οὕτως 17, 6 οὖσι Harder: συνοῦσι

ungefähr, sondern so, wie er selber will; und auch dieser Wille
ist nicht beliebig und auch nicht ein 'so traf es sich'; denn da
der Wille sich auf das höchste Gut richtet, ist er nicht beliebig.
Daß aber dies sein auf sich selber Gerichtetsein, welches *149*
gleichsam seine Wirksamkeit und sein in sich selbst Verharren
ist, bewirkt, daß er ist, was er ist; dafür ist Zeugnis, wenn man
einmal das Gegenteil voraussetzt: wenn er sich auf das richten
würde, was außer ihm ist, so würde er das Sein-was er-ist verlieren. Das Sein-was-er-ist besteht also in seiner auf sich selbst *150*
gerichteten Wirksamkeit, und diese beiden sind Eines und er
selbst. Somit hat er sich selbst zur Existenz gebracht, indem
zugleich mit ihm auch seine Wirksamkeit ans Licht trat. Wenn *151*
nun seine Wirksamkeit nicht geworden ist, sondern immer da
war und gleichsam sein Erwachen ist (wobei das Erwachte
nicht von ihr verschieden ist), ein immerwährendes Erwachen
und ein Denken über dem Denken, dann ist er das, zu dem er
erwachte. Und dies Erwachen ist 'jenseits der Seinsheit', des *152*
Geistes, des 'vernunftgemäßen Lebens'; das aber ist er selbst.
Mithin ist er selbst eine Wirksamkeit, die über Geist, Vernunft
und Leben hinausliegt, aus ihm kommen diese Dinge und aus
keinem andern; folglich stammt sein Sein von ihm und aus
ihm. Er ist also nicht so, wie es sich traf, sondern wie er es selber wollte.

17 Und ferner auf folgendem Wege: Wir behaupten von allen *153*
Einzeldingen im All und von diesem All selber, daß sie in einem
solchen Zustande sind, wie sie dann gewesen wären, wenn der
Vorsatz des Schöpfers es gewollt hätte und dieser aus seinem
Vorsatz und seiner Voraussicht auf Grund von Überlegungen
in Vorsehung sie verfertigt hätte. Da sie aber immer in diesem
Zustand sind und immer in solchem Werden, so ruhen ihre
rationalen Formen auch im Reich des immer Seienden, stehen
stille in einer höheren Wohlbestelltheit; mithin ist die obere *154*
Welt jenseits von Vorsehung und jenseits von Vorsatz, und alle
Dinge, welche im Seienden sind, stehen dort im geistigen Sinne
stille. Will man also diese Art der Lage Vorsehung nennen, so
verstehe man dies so, daß vor diesem All vorhanden ist der
stillstehende Geist, von dem und gemäß dem dies All ist. Wäre *155*
nun der Geist vor allen Dingen und der so beschaffene Geist

νοῦς, οὐκ ἂν εἴη ὡς ἔτυχε, πολὺς μὲν ὤν, συνῳδὸς δὲ αὐτῷ καὶ οἷον εἰς ἓν συντεταγμένος. οὐδὲν γὰρ πολὺ καὶ πλῆθος συντεταγμένον καὶ λόγοι πάντες, [καὶ] περιληφθέντες ἑνὶ διὰ παντός, ὡς ἔτυχε καὶ ὡς συνέβη, ἀλλὰ πόρρω φύσεως τῆς τοιαύτης καὶ ἐναντίον, ὅσον τύχη ἐν ἀλογίᾳ κειμένη λόγῳ. εἰ δὲ τὸ πρὸ τοῦ τοιούτου ἀρχή, δηλονότι προσεχὴς τούτῳ τῷ οὕτω λελογωμένῳ, καὶ τὸ οὕτω λελογωμένον τοῦτο κατ' ἐκεῖνο καὶ μετέχον ἐκείνου καὶ οἷον θέλει ἐκεῖνο καὶ δύναμις ἐκείνου. ἀδιάστατος τοίνυν ἐκεῖνος εἰς πάντα λόγος, εἷς ἀριθμὸς καὶ εἷς μείζων τοῦ γενομένου καὶ δυνατώτερος καὶ οὐδὲν μεῖζον αὐτοῦ οὐδὲ κρεῖττον. οὐδὲ ἄρα ἐξ ἄλλου ἔχει οὔτε τὸ εἶναι οὔτε τὸ ὁποῖός ἐστιν εἶναι. αὐτὸς ἄρα αὐτῷ ὅ ἐστι πρὸς αὐτὸν καὶ εἰς αὐτόν, ἵνα μηδὲ ταύτῃ πρὸς τὸ ἔξω ἢ πρὸς ἄλλον, ἀλλὰ πρὸς αὐτὸν πᾶς.

18 Καὶ σὺ ζητῶν μηδὲν ἔξω ζήτει αὐτοῦ, ἀλλ' εἴσω πάντα τὰ μετ' αὐτόν· αὐτὸν δὲ ἔα. τὸ γὰρ ἔξω αὐτός ἐστι, περίληψις πάντων καὶ μέτρον. ἢ εἴσω ἐν βάθει, τὸ δ' ἔξω αὐτοῦ, οἷον κύκλῳ ἐφαπτόμενον αὐτοῦ καὶ ἐξηρτημένον πᾶν ὃ λόγος καὶ νοῦς· μᾶλλον δ' ἂν εἴη νοῦς, καθὸ ἐφάπτεται καὶ ᾗ ἐφάπτεται αὐτοῦ καὶ ᾗ ἐξήρτηται, ἅτε παρ' ἐκείνου ἔχων τὸ νοῦς εἶναι. ὥσπερ ἂν οὖν κύκλος, ⟨ὃς⟩ ἐφάπτοιτο κέντρου [κύκλῳ], ὁμολογοῖτο ἂν τὴν δύναμιν παρὰ τοῦ κέντρου ἔχειν καὶ οἷον κεντροειδής, ᾗ γραμμαὶ ἐν κύκλῳ πρὸς κέντρον ἓν συνιοῦσαι τὸ πέρας αὐτῶν τὸ πρὸς τὸ κέντρον ποιοῦσι τοιοῦτον εἶναι, οἷον τὸ πρὸς ὃ ἠνέχθησαν καὶ ἀφ' οὗ οἷον ἐξέφυσαν, μείζονος ὄντος ἢ κατὰ ταύτας τὰς γραμμὰς καὶ τὰ πέρατα αὐτῶν [τὰ αὐτῶν σημεῖα τῶν γραμμῶν] – καὶ ἔστι μὲν οἷον ἐκεῖνο, ἀμυδρὰ δὲ καὶ ἴχνη ἐκείνου τοῦ

17, 15 del. Müller 17, 20 λελογωμένον Kirchhoff: λεγόμενον 18, 5 ὃ Harder: ὁ 18, 8 add. Theiler del. Volkmann 18, 14 del. Kirchhoff

das Prinzip, so könnte er nicht sein, was er gerade ist, eine Vielheit, in sich harmonisch und gleichsam zu einer Einheit ange-
ordnet. Denn Vielheit und geordnete Menge und alle rationa- *156*
len Formen, die durchgängig vom Einen umfaßt sind, nichts
davon ist von ungefähr und 'wie es sich traf', sondern ist solcher Wesensart fern und entgegengesetzt in dem Maße, wie der
in Unvernunft beruhende Zufall der Vernunft entgegengesetzt
ist. Wenn aber Prinzip ist, was über diesem so gearteten Wesen
ist, dann ist einleuchtend, daß dies dem so aus rationaler Form
Bestehenden nahe steht, und daß kraft Seiner das so aus rationaler Form Bestehende ist und an Jenem Teil hat und so ist, *157*
wie Jenes will, und das Vermögen von Jenem ist. Nach allen
Dimensionen unausgedehnte Vernunft also ist Jener, eine Ein-
zahl, ein Eines, das größer und mächtiger ist als das Entstan-
dene, nichts ist größer oder stärker als Es. Es erhält folglich
weder sein Sein von einem Anderen, noch sein So-beschaffen-
sein, wie es ist. Es ist also durch sich selbst, was es ist, ist auf
sich und in sich selbst gerichtet; so darf es auch in dieser Hinsicht nicht für nach außen auf ein Anderes gerichtet gelten,
sondern es ist ganz auf sich selbst bezogen.

18 So suche denn auch du bei deiner Suche nichts außerhalb *158*
von Jenem, sondern drinnen in ihm alle die Ihm untergeordneten Dinge; Ihn selbst aber laß auf sich beruhen; denn er selbst
ist das Draußen, aller Dinge Umfassung und Maß. Oder aber *159*
er ist drinnen in der Tiefe und das Andere ist außerhalb von
ihm, gleichsam rings ihn berührend und an ihm hängend, alles,
was Vernunft und Geist ist; doch eher wäre es in dem Maße
Geist, daß es ihn berührt und sofern es ihn berührt und sofern
es von ihm abhängt; denn es erhält sein Geistsein erst von Jenem. So wie man von einem Kreis, der den Mittelpunkt berührt *160*
übereinstimmend sagen würde, daß er seine Kraft aus dem Mittelpunkt erhält und gleichsam mittelpunktsgemäß ist, indem
die Radien, die rings zu dem einen Mittelpunkt zusammen-
laufen, ihre Begrenzung zum Mittelpunkt derart sein lassen,
wie das ist, zu dem sie hinlaufen und aus dem sie gleichsam er-
wachsen sind, das aber größer ist, als es diesen Radien und
ihren Begrenzungen gemäß ist – diese sind gewiß ein Abbild *161*
des Mittelpunktes, indes nur ein trübes, nur ein Nachhall von

ὃ δύναται αὐτὰ καὶ τὰς γραμμάς [δυνάμενον], αἳ πανταχοῦ ἔχουσιν αὐτό· καὶ ἐμφαίνεται διὰ τῶν γραμμῶν, οἷόν ἐστιν ἐκεῖνο, οἷον ἐξελιχθὲν οὐκ ἐξεληλιγμένον – οὕτω τοι καὶ τὸν νοῦν καὶ τὸ ὂν χρὴ λαμβάνειν, γενόμενον ἐξ ἐκείνου καὶ οἷον ἐκχυθὲν καὶ ἐξελιχθὲν καὶ ἐξηρτημένον, ἐκ τῆς αὐτοῦ νοερᾶς φύσεως μαρτυρεῖν τὸν οἷον ἐν ἑνὶ νοῦν οὐ νοῦν ὄντα· ἓν γάρ – ὥσπερ οὐδ' ἐκεῖ γραμμὰς οὐδὲ κύκλον τὸ κέντρον, κύκλου δὲ καὶ γραμμῶν πατέρα, ἴχνη αὐτοῦ δόντα καὶ δυνάμει μενούσῃ γραμμὰς καὶ κύκλον, οὐ πάντῃ ἀπηρτημένα αὐτοῦ, ῥώμῃ τινὶ γεγεννηκότα· οὕτω τοι κἀκεῖνο τῆς νοερᾶς περιθεούσης δυνάμεως τὸ οἷον ἰνδάλματος αὐτοῦ ἀρχέτυπον, ἐν [ἑνὶ νοῦν] πολλοῖς καὶ εἰς πολλὰ οἷον κεκινημένου καὶ νοῦ διὰ ταῦτα γενομένου, ἐκείνου πρὸ νοῦ μείναντος ⟨ἐκ⟩ τῆς δυνάμεως αὐτοῦ νοῦν γεννήσαντος – τίς ἂν συντυχία ἢ τί αὐτόματον ἢ τί ὡς συνέβη εἶναι τῆς τοιαύτης δυνάμεως τῆς νοοποιοῦ καὶ ὄντως ποιητικῆς πλησίον ἥκοι; οἷον γὰρ τὸ ἐν νῷ, πολλαχῇ μεῖζον ἢ τοιοῦτον, τὸ ἐν ἑνὶ ἐκείνῳ, ὥσπερ φωτὸς ἐπὶ πολὺ σκεδασθέντος ἐξ ἑνός τινος ἐν αὐτῷ ὄντος διαφανοῦς εἴδωλον μὲν τὸ σκεδασθέν, τὸ δ' ἀφ' οὗ τὸ ἀληθές· οὐ μὴν ἀλλοειδὲς τὸ σκεδασθὲν εἴδωλον ὁ νοῦς, ὃς οὐ τύχη, ἀλλὰ καθέκαστον αὐτοῦ λόγος καὶ αἰτία, αἴτιον δὲ ἐκεῖνο τοῦ αἰτίου. μειζόνως ἄρα οἷον αἰτιώτατον καὶ ἀληθέστερον αἰτία, ὁμοῦ πάσας ἔχον τὰς μελλούσας ἀπ' αὐτοῦ ἔσεσθαι νοερὰς αἰτίας καὶ γεννητικὸν τοῦ οὐχ ὡς ἔτυχεν, ἀλλ' ὡς ἠθέλησεν αὐτός. ἡ δὲ θέλησις οὐκ ἄλογος ἦν οὐδὲ τοῦ εἰκῇ οὐδ' ὡς ἐπῆλθεν αὐτῷ, ἀλλ' ὡς ἔδει, ὡς οὐδενὸς ὄντος ἐκεῖ εἰκῇ. ὅθεν καὶ δέον καὶ καιρὸν ὁ Πλάτων ὡς οἷόν τε ἦν σημῆναι ἐφιέμενος, ὅτι πόρρω τοῦ ὡς ἔτυχεν, ἀλλ' ὅπερ ἐστί, τοῦτο

18, 16 del. Theiler 18, 27 del. Theiler 18, 28 κεκινημένου Ficinus: νενικημένου 18, 29 add. Ficinus νοῦν Ficinus: νοῦς 18, 30 τί *bis* Kirchhoff: τό

ihm, der sie und die Radien in sich faßt, welche ihn überall enthalten; und es wird durch die Radien das Wesen des Mittelpunktes an den Tag gelegt, der sich so gleichsam entwickelt,
ohne entwickelt zu sein – gleichermaßen also muß man anneh- 162
men, daß der Geist und das Seiende, entstanden aus Jenem,
gleichsam aus ihm ergossen und entfaltet und abhängend, auf
Grund seiner geistigen Wesensart Zeugnis ablegt für den
gleichsam im Einen befindlichen Geist, welcher nicht Geist ist,
denn er ist Eines – wie bei unserem Vergleich nicht anzuneh- 163
men ist, daß der Mittelpunkt die Radien und die Peripherie
ist, sondern der Vater von Peripherie und Radien, welcher
Spuren von sich an den Tag legt, er hat in verharrender Kraft
Radien und Peripherie, die durchaus nicht von ihm getrennt
sind, aus einer Art von Kraft erzeugt; so also, da nun die 164
geistige Kraft Jenes, das gleichsam Urbild von ihr, dem Abbild, ist, umläuft, sie, die in Vielem und zu Vielem gleichsam bewegt und darum Geist geworden ist, während Jenes vor dem
Geist verharrte und so auf Grund seiner Kraft den Geist er-
zeugte – was für eine Zufälligkeit oder welches blinde Walten
oder was für ein 'wie es sich traf' sollte da einem solchen Vermögen, welches den Geist schafft und wahrhaft schöpferisch 165
ist, nahe kommen? Denn wie das im Geiste, nur viel größer
ist, was in jenem Einem ist; so wie bei einem Licht, das sich aus
einer in sich ruhenden, klaren Quelle weithin zerstreut, Abbild
das zerstreute ist, Quelle aber das wahre; nicht aber ist das
zerstreute Abbild, der Geist, anderer Art, er, der nicht Zufall ist, sondern es herrscht bei ihm in jedem Stück Vernunft
und Ursache, Ursache aber der Ursache ist Jenes Wesen. Es 166
ist folglich in größerem Maße Ursache, da es gleichsam das Ur-
sächlichste, die wahrere Ursache ist, es enthält ja zusamt alle
geistigen Ursachen, die einmal aus ihm hervorgehen werden,
es bringt hervor nicht das Ungefähr, sondern das, was nach
seinem eigenen Willen ist; und dieser Wille ist nicht vernunft- 167
widrig noch zielt er auf das Beliebige oder wie es ihm einfiel,
sondern wie es sich gebührt; denn es gibt dort nichts Beliebiges.
Daher nennt es auch Platon 'gesollt' und 'rechter Augenblick',
aus dem Verlangen, nach Möglichkeit etwas darüber anzu-
deuten, weil es nämlich fern ist von dem Ungefähr, vielmehr

δέον. εἰ δὲ τὸ δέον τοῦτο, οὐκ ἀλόγως τοῦτο, καὶ εἰ καιρός, τὸ μάλιστα κυριώτατον ἐν τοῖς μετ' αὐτὸ καὶ πρότερον αὐτῷ καὶ οὐχ οἷον ἔτυχε τοῦτό ἐστιν, ἀλλὰ τοῦτό ἐστιν, ὅπερ οἷον ἐβουλήθη αὐτός, εἴπερ τὰ δέοντα βούλεται καὶ ἓν τὸ δέον καὶ ἡ τοῦ δέοντος ἐνέργεια· καὶ ἔστι δέον οὐχ ὡς ὑποκείμενον, ἀλλ' ὡς ἐνέργεια πρώτη τοῦτο ἑαυτὴν ἐκφήνασα, ὅπερ ἔδει. οὕτω γὰρ δεῖ αὐτὸν λέγειν ἀδυνατοῦντα λέγειν ὡς τις ἐθέλει.

Λαμβανέτω τις οὖν ἐκ τῶν εἰρημένων ἀνακινηθεὶς 19
πρὸς ἐκεῖνο ἐκεῖνο αὐτό, καὶ θεάσεται καὶ αὐτὸς οὐχ ὅσον θέλει εἰπεῖν δυνάμενος. ἰδὼν δὲ ἐκεῖνο ἐν αὑτῷ πάντα λόγον ἀφεὶς θήσεται παρ' αὐτοῦ ἐκεῖνο τοῦτο ὄν, ὡς, εἴπερ εἶχεν οὐσίαν, δούλην ἂν αὐτοῦ τὴν οὐσίαν εἶναι καὶ οἷον παρ' αὐτοῦ εἶναι. οὐδ' ἂν τολμήσειέ τις ἰδὼν ἔτι τὸ ὡς συνέβη λέγειν, οὐδ' ἂν ὅλως φθέγξασθαι δύναιτ' ἄν· ἐκπλαγείη γὰρ ἂν τολμῶν, καὶ οὐδ' ἂν ἔχοι ἀίξας που εἰπεῖν περὶ αὐτοῦ, πάντη αὐτῷ ἐκείνου οἷον πρὸ ὀμμάτων τῆς ψυχῆς προφαινομένου καί, ὅποι ἂν ἀτενίσῃ, ἐκεῖνον βλέποντος, εἰ μή που ἄλλῃ ἀφεὶς τὸν θεὸν ἀτενίσῃ μηδὲν ἔτι περὶ αὐτοῦ διανοούμενος. χρὴ δὲ ἴσως καὶ τὸ ἐ π έ κ ε ι ν α ο ὐ σ ί α ς καὶ ταύτῃ νοεῖσθαι τοῖς παλαιοῖς λεγόμενον δι' αἰνίξεως, οὐ μόνον ὅτι γεννᾷ οὐσίαν, ἀλλ' ὅτι οὐ δουλεύει οὔτε οὐσίᾳ οὔτε ἑαυτῷ, οὐδέ ἐστιν αὐτῷ ἀρχὴ ἡ οὐσία αὐτοῦ, ἀλλ' αὐτός, ἀρχὴ τῆς οὐσίας ὤν, οὐχ αὑτῷ ἐποίησε τὴν οὐσίαν, ἀλλὰ ποιήσας ταύτην ἔξω εἴασεν ἑαυτοῦ, ἅτε οὐδὲν τοῦ εἶναι δεόμενος, ὃς ἐποίησεν αὐτό. οὐ τοίνυν οὐδὲ καθὸ ἔστι ποιεῖ τὸ ἔστι.

19, 7 δύναιτ' ἂν Theiler (δύναιτο Kirchhoff): δύναται 19, 12 ἔτι Ficinus: εἴ τι vel ἤτοι 19, 15 οὔτε . . . οὔτε Creuzer: οὐδὲ . . . οὐδὲ

das, was es ist, gesollt ist. Wenn Jenes aber das 'Gesollte' ist, 168
so ist es das im Sinne der Vernunft, und wenn es der 'rechte
Augenblick' ist, so ist es das Eigentliche unter den nach ihm
folgenden Dingen, ist damit durch sich selber früher, und ist
nicht gleich dem Zufälligen, sondern ist das, was es selber
gleichsam 'wollte', so wahr es das 'Gesollte' will und das Gesollte und dessen Verwirklichung Eines sind; es ist das Gesollte 169
nicht als Zugrundeliegendes, sondern als erste Verwirklichung,
die sich als das ans Licht brachte, was sollte. So nämlich muß
man von Ihm reden, da man nicht die Kraft hat, so zu reden,
wie man wohl möchte.

19 So möge man denn, angefeuert auf dem Weg zu Jenem 170
durch das, was wir darlegten, Jenes selber ergreifen, dann
wird man es selbst schauen, wird freilich ebenfalls nicht all das,
was man möchte, aussagen können. Indem man nun Jenes
in sich selbst ruhend erblickt, lasse man jeglichen Begriff beiseite: dann wird man Jenes auf sich selber stellen; es ist derart,
daß, wenn es eine Seinsheit hätte, die Seinsheit in seiner
Knechtschaft stünde und gleichsam von ihm herkäme. Man 171
würde sich bei diesem Anblick garnicht mehr erkühnen, von
einem 'wie es sich traf' zu sprechen, man könnte überhaupt
keinen Laut hervorbringen, man würde, wagte man es, er-
schrecken, und man könnte nicht erst dadurch, daß man sich
irgendwohin schwingt, über Ihn etwas aussagen, denn überall tritt Jenes einem gleichsam vor den Augen der Seele in Erscheinung; wohin man auch den Blick richtet, überall sieht
man Jenen, wenn man nicht den Gott fahren läßt und anders-
wohin blickt, ohne sich weiter mit Ihm zu beschäftigen. In die- 172
sem Sinne, so muß man vielleicht annehmen, ist auch die Bezeichnung 'Jenseits der Seinsheit' von den Alten andeutend
gebraucht worden, nicht allein weil Er die Seinsheit erzeugt,
sondern weil er weder der Seinsheit noch seiner selbst Knecht
ist; auch ist ihm seine Seinsheit nicht Prinzip, sondern er ist
seinerseits Prinzip der Seinsheit, hat aber die Seinsheit nicht
für seinen eignen Gebrauch hervorgebracht, sondern indem er
diese hervorbrachte, beließ er sie außerhalb seiner; denn er be-
durfte des Seins nicht, er, der es hervorgebracht hat. Selbst
also, insofern er ist, schafft er nicht das Ist.

20 Τί οὖν; οὐ συμβαίνει, εἴποι τις ἄν, πρὶν ἢ γενέσθαι γεγονέναι; εἰ γὰρ ποιεῖ ἑαυτόν, τῷ μὲν ἑαυτὸν οὔπω ἐστί, τῷ δ' αὖ ποιεῖν ἔστιν ἤδη πρὸ ἑαυτοῦ τοῦ ποιουμένου ὄντος αὐτοῦ. πρὸς ὃ δὴ λεκτέον, ὡς ὅλως οὐ τακτέον κατὰ τὸν ποιούμενον, ἀλλὰ κατὰ τὸν ποιοῦντα, ἀπόλυτον τὴν ποίησιν αὐτοῦ τιθεμένοις, καὶ οὐχ ἵνα ἄλλο ἀποτελεσθῇ ἐξ αὐτοῦ τῆς ποιήσεως, τῆς ἐνεργείας αὐτοῦ οὐκ ἀποτελεστικῆς ⟨ἄλλου⟩, ἀλλ' ὅλου τούτου ὄντος· οὐ γὰρ δύο, ἀλλ' ἕν. οὐδὲ γὰρ φοβητέον ἐνέργειαν τὴν πρώτην τίθεσθαι ἄνευ οὐσίας, ἀλλ' αὐτὸ τοῦτο τὴν οἷον ὑπόστασιν θετέον. εἰ δὲ ὑπόστασιν ἄνευ ἐνεργείας τις θεῖτο, ἐλλιπὴς ἡ ἀρχὴ καὶ ἀτελὴς ἡ τελειοτάτη πασῶν ἔσται. καὶ εἰ προσθείη ἐνέργειαν, οὐχ ἓν τηρεῖ. εἰ οὖν τελειότερον ἡ ἐνέργεια τῆς οὐσίας, τελειότατον δὲ τὸ πρῶτον, πρώτη ἂν ἐνέργεια εἴη. ἐνεργήσας οὖν ἤδη ἐστὶ τοῦτο, καὶ οὐκ ἔστιν ὡς πρὶν γενέσθαι ἦν· τότε γὰρ οὐκ ἦν πρὶν γενέσθαι, ἀλλ' ἤδη πᾶς ἦν. ἐνέργεια δὴ οὐ δουλεύσασα οὐσίᾳ καθαρῶς ἐστιν ἐλευθέρα, καὶ οὕτως αὐτὸς παρ' αὑτοῦ αὐτός. καὶ γὰρ εἰ μὲν ἐσῴζετο εἰς τὸ εἶναι ὑπ' ἄλλου, οὐ πρῶτος αὐτὸς ἐξ αὑτοῦ· εἰ δ' αὐτὸς αὑτὸν ὀρθῶς λέγεται συνέχειν, αὐτός ἐστι καὶ ὁ παράγων ἑαυτόν, εἴπερ, ὅπερ συνέχει κατὰ φύσιν, τοῦτο καὶ ἐξ ἀρχῆς πεποίηκεν εἶναι. εἰ μὲν οὖν χρόνος ἦν, ὅθεν ἤρξατο εἶναι, τὸ πεποιηκέναι κυριώτατον ἂν ἐλέχθη· νῦν δέ, εἰ καὶ πρὶν αἰῶνα εἶναι ὅπερ ἐστὶν ἦν, τὸ πεποικέναι ἑαυτὸν τοῦτο νοείτω τὸ σύνδρομον εἶναι τὸ πεποιηκέναι καὶ

20, 7 τῆς[2] Theiler: ἀλλ' οὔσης (v. comm.) 20, 8 add. Theiler 20, 15 πρώτη Harder: πρῶτον 20, 16 τότε Theiler: ὅτε 20, 18 οὕτως Nicephorus, Ficinus: οὗτος

20 Ergibt sich aber nun nicht, könnte einer einwenden, daß 173
Jener entstanden ist, bevor er entstand? Wenn er nämlich sich
selbst hervorbringt, dann ist er durch das 'sich selbst' noch
nicht vorhanden, durch das 'hervorbringt' aber ist er bereits
vor sich selber da; denn er ist in jedem Fall das Hervor-
gebrachte. Hiergegen ist nun zu erwidern, daß überhaupt 174
Jener nicht dem Hervorgebrachten gleichzustellen ist, sondern dem Hervorbringenden; dabei haben wir sein Hervorbringen als absolut anzusprechen, nicht, damit ein anderes Ding aus seiner Hervorbringung verfertigt werde,
denn seine Wirksamkeit ist nicht auf die Verfertigung eines
Anderen gerichtet, sondern sie ist ganz Er; ist er doch nicht
Zweiheit, sondern Eines. Denn man darf sich nicht scheuen, 175
ihn als Erste Wirksamkeit ohne Seinsheit anzusetzen, sondern
in eben dieser Wirksamkeit hat man so etwas wie seine Existenz zu erblicken. Wollte man ihn als Existenz ohne Wirksamkeit ansetzen, so wäre das Prinzip unvollständig, und un-
vollkommen das vollkommenste aller Prinzipien. Und wenn
man die Wirksamkeit erst hinzusetzte, so beließe man ihm
nicht seine Einheit. Wenn nun die Wirksamkeit vollkomme- 176
ner ist als die Seinsheit, das Erste aber das Vollkommenste ist,
so muß Er die Erste Wirksamkeit sein. Wenn er also seine
Wirksamkeit ausübt, so ist er bereits Er, er war also nicht
irgendwie, ehe er entstand; denn im Augenblick seiner Wirksamkeit war er nicht, bevor er entstand, sondern war schon als
Ganzer da. Eine Wirksamkeit also, die nicht Knecht der Seins- 177
heit ist, ist im reinen Sinne frei; und so ist Jener aus sich selber
er selbst. Denn auch wenn er von einem Andern am Sein erhalten würde, wäre er nicht primär selbst aus sich selber;
wenn man aber mit Recht behauptet, daß er sich selber zusammenhält, dann ist er es auch selbst, der sich selbst ins Dasein ruft, so wahr das, was seiner Anlage nach fähig ist, ein Wesen zusammenzuhalten, ihm auch zu Anbeginn zum Sein verholfen hat. Gäbe es nun eine Zeit, von der ab sein Sein begann, 178
dann könnte man im vollen Sinne von ihm sagen, daß er sich
hervorgebracht hat; jetzt aber, da er das, was er ist, schon war,
auch ehe es die Ewigkeit gab, soll sein 'sich Hervorgebracht-
haben' das Zusammenfallen meinen von Hervorgebracht-

αὐτό· ἓν γὰρ τῇ ποιήσει καὶ οἷον γεννήσει ἀιδίῳ τὸ εἶναι. ὅθεν καὶ τὸ ἄρχον ἑαυτοῦ· καὶ εἰ μὲν δύο, κυρίως, εἰ δὲ ἕν, τὸ ἄρχον μόνον· οὐ γὰρ ἔχει τὸ ἀρχόμενον. πῶς οὖν ἄρχον οὐκ ὄντος πρὸς ὅ; ἢ τὸ ἄρχον ἐνταῦθα πρὸς τὸ πρὸ αὐτοῦ, ὅτι μηδὲν ἦν. εἰ δὲ μηδὲν ἦν, πρῶτον· τοῦτο δὲ οὐ τάξει, ἀλλὰ κυριότητι καὶ δυνάμει αὐτεξουσίῳ καθαρῶς. εἰ δὲ καθαρῶς, οὐκ ἔστιν ἐκεῖ λαβεῖν τὸ μὴ αὐτεξουσίως. ὅλον οὖν αὐτεξουσίως ἐν αὐτῷ. τί οὖν αὐτοῦ, ὃ μὴ αὐτός; τί οὖν, ὃ μὴ ἐνεργεῖ; καὶ τί, ὃ μὴ ἔργον αὐτοῦ; εἰ γάρ τι εἴη μὴ ἔργον αὐτοῦ ἐν αὐτῷ, οὐ καθαρῶς ἂν εἴη οὔτε αὐτεξούσιος οὔτε πάντα δυνάμενος· ἐκείνου τε γὰρ οὐ κύριος πάντα τε οὐ δυνάμενος. ἐκεῖνο γοῦν οὐ δύναται, οὗ μὴ αὐτὸς κύριος εἰς τὸ ποιεῖν.

Ἐδύνατο οὖν ἄλλο τι ποιεῖν ἑαυτὸν ἢ ὃ ἐποίησεν; 21
ἢ οὔπω καὶ τὸ ἀγαθὸν ποιεῖν ἀναιρήσομεν, ὅτι μὴ ἂν κακὸν ποιοῖ. οὐ γὰρ οὕτω τὸ δύνασθαι ἐκεῖ, ὡς καὶ τὰ ἀντικείμενα, ἀλλ' ὡς ἀστεμφεῖ καὶ ἀμετακινήτῳ δυνάμει, ἣ μάλιστα δύναμίς ἐστιν, ὅταν μὴ ἐξίστηται τοῦ ἕν· καὶ γὰρ τὸ τὰ ἀντικείμενα δύνασθαι ἀδυναμίας ἐστὶ τοῦ ἐπὶ τοῦ ἀρίστου μένειν. δεῖ δὲ καὶ τὴν ποίησιν αὐτοῦ, ἣν λέγομεν, καὶ ταύτην ἅπαξ εἶναι· καλὴ γάρ. καὶ τίς ἂν παρατρέψειε βουλήσει γενομένην θεοῦ καὶ βούλησιν οὖσαν; βουλήσει οὖν μήπω ὄντος; τί δὲ βούλησιν ἐκείνου ἀβουλοῦντος τῇ ὑποστάσει; πόθεν οὖν αὐτῷ ἔσται ἡ βούλησις ἀπὸ οὐσίας ἀνενεργήτου; ἢ ἦν βούλησις ἐν τῇ οὐσίᾳ· οὐχ ἕτερον ἄρα τῆς οὐσίας οὐδέν. ἢ

20, 28 ἄρχον Creuzer: ἄρχων 21, 2 οὔπω Theiler: οὕτω 21, 3 κακὸν ποιοῖ Ficinus: κακοποιοῖ

haben und Ihm selbst; denn sein Sein ist identisch mit seinem
Hervorbringen, das gleichsam ein ewiges Gebären ist. Daher *179*
gehört auch zu ihm, sich selber zu beherrschen. Wäre er Zweiheit, so gälte das im eigentlichen Sinne, da er aber Einheit ist,
kann man nur von einem bloßen Herrschen sprechen; denn er
hat nichts, das er beherrschen kann. Wie aber kann es ein Herrschen geben, dem das Objekt fehlt? Nun, das Herrschen bezieht sich darauf, daß nichts ihm Vorgeordnetes da war. War
aber nichts vor ihm da, so ist es das Erste: und zwar nicht nach
der Reihenfolge, sondern nach der Vollmacht und dem Vermögen, welches im reinen Sinne freibestimmt ist. Ist es dies *180*
aber im reinen Sinne, dann kann man dort ein Nichtfreibe-
stimmtsein garnicht annehmen. So ist Jenes Wesen gänzlich
in sich selber freibestimmt. Was also wäre in ihm, das er nicht
selber wäre? Was, das er nicht bewirkt? Und was, das nicht
sein eignes Werk wäre? Denn wäre etwas in ihm, das nicht sein *181*
Werk wäre, dann gälte nicht im reinen Sinne, daß er freibestimmt und zu allem vermögend ist; er würde dann eben über
dies nicht Herr sein und damit nicht alles vermögend; denn
das jedenfalls liegt nicht in seinem Vermögen, über dessen Her-
vorbingung er nicht selber Herr ist.

21 Hätte er nun vermocht, sich als etwas anderes hervorzubrin- *182*
gen, als er es getan hat? Nun, wir würden noch nicht aufheben,
daß er sich selber gut macht, dadurch, daß er sich nicht
schlecht machen könnte. Denn 'vermögen' ist dort nicht so zu
verstehen, daß es auch das Gegenteil umfaßt, sondern als ein
unverwandtes, unverrückbares Vermögen, das dann im höchsten Maße Vermögen ist, wenn es aus dem Einen nicht hinaus-
tritt; denn das Gegenteil zu vermögen, gehört zum Unvermögen, beim höchsten Guten zu beharren. So muß denn auch *183*
sein Hervorbringen, von dem wir sprechen, ebenfalls einmalig
sein; denn es ist schön. Wer wollte es auch abbiegen, da es nach
Gottes Willen sich vollzieht, und sein Wille ist? Nach dem
Willen also eines noch nicht Vorhandenen? Und wie kann es
sein Wille sein, da doch Jener seiner Existenz nach ohne Willen ist? Wieso also kann er den Willen bekommen aus seiner
betätigungslosen Seinsheit? Nun, in seiner Seinsheit ist sein *184*
Wille gegeben, es liegt also nicht von der Seinsheit Unterschie-

τί ἦν, ὃ μὴ ἦν, οἷον ἡ βούλησις; πᾶν ἄρα βούλησις ἦν καὶ οὐκ ἔνι τὸ μὴ βουλόμενον· οὐδὲ τὸ πρὸ βουλήσεως ἄρα. πρῶτον ἄρα ἡ βούλησις αὐτός. καὶ τὸ ὡς ἐβούλετο ἄρα καὶ οἷον ἐβούλετο, καὶ τὸ τῇ βουλήσει ἑπόμενον, ὃ ἡ τοιαύτη βούλησις ἐγέννα – ἐγέννα δὲ οὐδὲν ἔτι ἐν αὐτῷ – τοῦτο γὰρ ἤδη ἦν. τὸ δὲ συνέχειν ἑαυτὸν οὕτω ληπτέον νοεῖν, εἴ τις ὀρθῶς αὐτὸ φθέγγοιτο, ὡς τὰ μὲν ἄλλα πάντα ὅσα ἐστὶ παρὰ τούτου συνέχεται· μετουσίᾳ γάρ τινι αὐτοῦ ἐστί, καὶ εἰς τοῦτον ἡ ἀναγωγὴ πάντων. αὐτὸς δὲ ἤδη παρ' αὐτοῦ οὔτε συνοχῆς οὔτε μετουσίας δεόμενος, ἀλλὰ πάντα ἑαυτῷ, μᾶλλον δὲ οὐδὲν οὐδὲ τῶν πάντων δεόμενος εἰς αὐτόν· ἀλλ' ὅταν αὐτὸν εἴπῃς ἢ ἐννοηθῇς, τὰ ἄλλα πάντα ἄφες. ἀφελὼν ⟨οὖν⟩ πάντα, καταλιπὼν δὲ μόνον αὐτόν, μὴ τί προσθῇς ζήτει, ἀλλὰ μή τί πω οὐκ ἀφῄρηκας ἀπ' αὐτοῦ ἐν γνώμῃ τῇ σῇ. ἔστι γάρ τινος ἐφάψασθαι καὶ σέ, περὶ οὗ οὐκέτι ἄλλο ἐνδέχεται οὔτε λέγειν οὔτε λαβεῖν· ἀλλ' ὑπεράνω κείμενον μόνον τοῦτο ἀληθείᾳ ἐλεύθερον, ὅτι μηδὲ δουλεῦόν ἐστιν ἑαυτῷ, ἀλλὰ μόνον αὐτὸ καὶ ὄντως αὐτό, εἴ γε τῶν ἄλλων ἕκαστον αὐτὸ καὶ ἄλλο.

21, 22 τοῦτον Müller: τοῦτο 21, 23 αὐτὸς Ficinus: αὐτοῖς 21, 26 add. Kirchhoff

denes vor. Was gibt es denn, was er nicht wäre, darunter auch
Wille? Er ist also in seiner Ganzheit Wille und enthält kein
Stück, das nicht will; also auch nicht das vor dem Willen Lie-
gende; so ist er also zuerst einmal selbst der Wille. Damit
kommt ihm auch zu, daß er ist, wie er will und welcher Art er
will; ferner ist damit auch das aus dem Willen Folgende gegeben, was ein Wille solcher Art erzeugt; Er erzeugt aber in sich
selbst nichts Weiteres; denn er ist es jeweils schon. Wenn wir *185*
aber davon sprachen, daß Er sich selbst zusammenhält, so
muß man das, will man es richtig verwenden, so auffassen, daß
es meint, daß alle andern Dinge, die sind, von Ihm zusammen-
gehalten werden, denn sie sind nur vermöge einer Art Anteilnahme an ihm und führen sich alle auf ihn zurück: Er selbst *186*
aber ist dann aus sich selber und bedarf keines Zusammenhal-
tens und keiner Anteilnahme, sondern er ist durch sich selber
Alles, oder vielmehr er ist Nichts und bedarf, um er selber zu
sein, nicht des Alles: vielmehr tu alle andern Dinge fort, wenn
du Ihn aussagen oder Seiner innewerden willst. Wenn du nun *187*
alles fortgetan und nur Ihn selber belassen hast, dann suche
nicht danach, was du Ihm beilegen könntest, sondern danach,
ob du vielleicht etwas noch nicht von ihm fortgetan hast in dei-
nem Denken. Denn auch du kannst ein Ding erfassen, über
welches sich nichts Anderes mehr sagen und vorstellen läßt.
Sondern es liegt über allen Dingen, und damit ist Es als einzi- *188*
ges in Wahrheit frei, weil es auch sich selber nicht als Knecht
dient, sondern nur Es selbst ist und wahrhaft Es selbst, wo
doch jedes andere Ding sowohl es selbst wie ein anderes ist.

ANHANG

1. Bemerkungen zu Text und Übersetzung

V 9 (Text)

1,21: τινος (H[2]) ist handschriftlich schwach bezeugt und sachlich überflüssig.

6,22: ἤστραψε (H-S[2]) "beleuchtet(e)" oder "strahlt(e) aus" könnte dem ἔτρεψε "wandelt" (H[2]) aufgrund des Kontextes (ἐκ πυρὸς φῶς), aber auch aufgrund von II 9,3,21: 'das Göttliche erleuchtet die Materie' vorzuziehen sein.

11,12f.: τὸν νοητὸν ἀριθμὸν (H-S[2]) statt ῥυθμὸν (H[2]): zwar kann ein intelligibler Rhythmus als Grund des in der Musik (sinnlich) hörbaren angenommen werden (dessen "Idee"), adäquater scheint mir jedoch der Gedanke (mit Unterstützung der handschriftlichen Überlieferung), daß die intelligible Zahl im Nus (vgl. VI 6) Prinzip des musikalischen Rhythmus ist.

12,3: Harders Konjektur ἀνθρώπου sollte durch das allein überlieferte νοῦ ersetzt werden, so daß die Künste "Erzeugungen des Geistes" sind, um deren noetische Begründung es hier geht; sie schließt den Menschen als ein in Künsten herstellendes Wesen keineswegs aus.

13,14: nach ψυχή fehlt ἔχει.

V 9 (Übersetzung)

5,8: ἀνόητος statt "Nichtgeist", der ein Nicht-Sein als "Substanz" suggeriert: "nicht gedacht" oder "ungedacht". Wäre das Sein ("Wesenheit") des Geistes "ungedacht", so wäre damit sein Wesen – er selbst – negiert.

9,9f.: fehlt nach "Bildekraft" (Anfang Abschnitt 36): "eines Lebewesens" (ζῴου τινός).

11,15: φρονήσεων statt als "Zweckvernunft", die gegenwärtig zu sehr "Zweckrationalität" assoziiert, was hier nicht gemeint sein kann, sollte φρόνησις eher im Sinne von 'sapientia' (Ficino) oder als ein Wissen oder Denken des Nus verstanden werden, das für die Handlungsart der Künste maßgebend wird.

VI 8 (Text)

Willy Theilers zahlreiche und den Sinn zum Teil verdeutlichende Vorschläge zu Veränderungen im Text, besonders die 'Delenda', bedürften einer eingehenderen Diskussion. Die korrigierenden Eingriffe Theilers in den Text gegenüber der eher zurückhaltenden, den Überlieferungsbefund, wo es möglich und sinnvoll ist, bewahrenden Text-Arbeit Henrys und Schwyzers "verdeutlichen" bisweilen ohne Not und "glätten" dadurch vielleicht allzusehr einen von seinem Urheber her gesehen "widerständigen" Text. Dennoch möchte ich einiges für den Gedanken Aufschlußreiche und zugleich philologisch Mögliche in Theilers Vorschlägen verteidigen, so z.B. ὄντος in 9,27 – "die Natur des Seienden", gegen ὄντως – "die wahrhafte Natur..."; oder ὤν (13,36), auf das hier im Masculinum benannte Gute bezogen, statt des neutralen ὄν (H-S²). Deswegen muß man nicht das folgende τοῦτο τὸ "αὐτὸς εἶναι" in οὐ τῷ αὐτὸς εἶναι (B-T) verändern, da das "Selbst-Sein" des Guten, das "ist", was es will, und "will", was es ist, als hervorhebbarer Terminus evident wird. – Nicht immer favorisiert Theiler die masculine Form für das Eine-Gute, wo es möglich und sinnvoll wäre; so sollte 20,28f. das gut bezeugte τὸ "ἄρχων ἑαυτοῦ" und τὸ "ἄρχων" (H-S²) statt τὸ ἄρχον (B-T) gesetzt werden, wie es dann in Z. 30 zu Recht steht. Dadurch würde der "personale" oder zumindest nicht Es-hafte Selbst-Bezug des Guten am Beispiel des Herrschens apostrophiert, was durchaus Folgen hat für die übrigen Charakterisierungen der unter dem οἷον-Vorbehalt (vgl. S. XXVIII ff.) entwickelten Selbstbezüglichkeit des Einen.

Was die Auszeichnung von αὑτός "er", "er selbst" als pronomen reflexivum durch spiritus asper anlangt, (z.B. 16,37: παρ' αὑτοῦ "von sich selbst her" und ἐξ αὑτοῦ "aus sich selbst heraus" (B-T) statt: von "ihm" her oder aus "ihm" [H-S²]), so ist Theilers Text durchwegs "freigiebiger" als der kritische. Da die Alternative "nicht-reflexiv" oder "reflexiv" von den Handschriften her nicht zu entscheiden ist, muß sie aus dem jeweiligen Textverständnis heraus erwogen und geklärt werden. Philosophisch ist eine solche gerade nicht pauschal zu treffende Entscheidung bisweilen höchst bedeutsam; in VI 8 vor allem wegen des hier zugelassenen und aspektreich "durchgespielten" Selbst-Bezugs des Prinzips. In V 1,6,18f. und V 2,1,9–12 ist diese Frage bereits zu einer quaestio vexata der Interpreten geworden (vgl. H–S[1], III 397. M. Atkinson, Plotinus 135ff. F. M. Schroeder, Hermes 1986. K. Corrigan und P. O'Cleirigh in: Aufstieg und Niedergang II 36,1; 590f.).

9,10 ὡρισμένον τι "ein bestimmt Festgelegtes": bezogen auf das Gute oder Eine als Erstes oder Prinzip von Allem muß eine derartige Benennung zunächst irritieren. Sie steht stricto sensu den von allem "Festgelegten" oder "Begrenzten" abgrenzenden negativen Aussagen entgegen: daß das Eine ohne "Gestalt" und "Form" sei (ἄμορφον, ἀνείδεον), "unbegrenzt" ("grenze-los" – ἄπειρον) und πρὸ τοῦ "τί": vor jedem in sich bestimmten, abgegrenzten und abgrenzenden "Etwas" (vgl. "Einführung" S. XXVII u. W. Beierwaltes, Denken des Einen u.a. S. 135; 'Hen' [RAC] 455f.); schon im selben Kapitel (VI 8,9) *widerspricht* ὡρισμένον τι dem Irrealis: οὕτω γὰρ ἂν ὁρίσας εἴης καὶ τόδε τι (39; τόδε τι = ὡρισμένον: V 5,6,6), sowie dem Prädikat ἀόριστον (42), "unbestimmt", vom Ersten gesagt, das analog zu den zuvor genannten Prädikaten zu verstehen ist und dem auch das οὐδὲν ἐκείνων (43), "nichts von jenen", die durch das Eine oder Gute sind, *entspricht*. – Ein weiterer Grund, der gegen ὡρισμένον spricht, ist dieser: es wird durch μοναχῶς: "einzigartig" und als "nicht aus Notwendigkeit" seiend erläutert. μοναχόν meint aber auch das "Allein" – oder "Einsam-Sein" des Ersten (vgl. Anhang S. 92f.), das gerade als Erstes von keinem Anderen bestimmt, begrenzt oder "festgelegt" wird, also keinem Zwang oder keiner "Notwendigkeit", die vor ihm als bestimmend-wirkende wäre, ausgesetzt und dadurch als das absolut "Freie" zu denken ist. Der Gedanke, der durch ὡρισμένον τι gestört ist, verweist ganz entschieden auf das von allem Anderen "Abgegrenzt"-Sein des Einen – im Sinne der Prädikate πάντων ἕτερον, οὐδὲν πάντων oder ἀμιγές (V 5,13,35). Aus diesem Grunde läge m.E. die Konjektur <κεχ> ωρισμένον[1]

[1] Vgl. auch Proklos, in Parm. 1184,12f. und 18 (Cousin), um die Transzendenz des Einen auszudrücken: (τὸ ἓν) κεχωρισμένον παντός ... χωριστόν. – Heraklit, Fr. B 108: ... γινώσκειν ὅτι σοφόν ἐστι πάντων κεχωρισμένον.

anstelle von ὡρισμένον nahe (2× i.d. Zeile 10); sie würde das Abgegrenzt-, Abgetrennt- oder "Absolut"-Sein des Ursprungs, seine absolute Andersheit, Verschiedenheit von Allem und damit auch seine Einzigartigkeit im Sinne des erläuternden μοναχῶς ausdrücken. – Der aktive Grund von λόγος τάξις und ὅρος ("Grenze", "Begrenztheit", so 10,12) – das Eine – sollte nicht selbst mit dem eine innere oder äußere "Einschränkung" zumindest suggerierenden ὡρισμένον benannt sein. Darin unterscheidet sich das negative Bedeutungsfeld von "Grenze" (ὅρος, ὁρίζειν, πέρας etc.) von dem Prädikat ἀγαθόν ("gut"), mit dem beide, der Ursprung und das aus ihm Seiende, freilich in unterschiedlicher Valenz, bedacht werden können.

Hans-Rudolf Schwyzer hält meinen Vorschlag <κεχ> ωρισμένον für "inhaltlich vertretbar und paläographisch leicht zu erklären" (Brief v. 19. 3. 1989).

VI 8 (Übersetzung)

4,13: "ein sich auf das Gute Hinbewegendes", oder: "etwas, was sich auf das Gute hinbewegt" mit "Ding, das sich auf das Gute hinbewegt" zu übersetzen, halte ich in Anbetracht des gegenwärtig vielfach gegenüber der Metaphysik erhobenen Vorwurfs einer systematischen "Verdinglichung" für irreführend. Weder für Plotins Begriff des Geistes noch für den des Einen träfe dieser Vorwurf zu, wenn auch aus der Notwendigkeit der Differenz-Sprache heraus eine Wirklichkeit wie das Eine als "Etwas" benannt wird (hier 21,29, wo die Übersetzung allerdings auch auf das "Ding" verzichten sollte), die aber πρὸ τοῦ "τί": "vor dem Etwas" gedacht werden muß (vgl. Einführung S. XXVII f. und V 5,6,22 ff.: οἷον, "von bestimmter Art" ist für das Eine gerade οὐχ οἷον, "von keiner Art", weil von ihm auch das "Etwas" [τι] nicht gilt).

7,11: ἑτέρωθεν statt "von der Gegenseite" (im Sinne eines Selbsteinwandes): "von anderswoher", "von anderer Seite", was auf eine Quelle verweist, sie aber nicht nennt (vgl. Einf. S. XXXIV f.).

7,38: τὸ μοναχὸν Einzigartigkeit": der Charakter des "*Allein*-Seins" und "Einsam-Seins" sollte mitbedacht werden (vgl. VI 9,11,51: φυγὴ μόνου πρὸς μόνον). Beide Aspekte betreffen die absolute Differenz des Einen zu allem Anderen. Das "gleichsam Sich-selbst-Gefallen" (40) erläutert sie als eine auf sich selbst rückbezügliche, aus ihr selbst seiende Autarkie. Dies gilt auch für 9,13. Auch μονοῦν – μόνον etc. in 15,13.18.26.28 stellt das Allein-Sein im Sinne des Frei- und Einzig-Seins des Prinzips heraus. Plat. Phil. 63b7f. versteht Plotin als eine Aussage über das Eine selbst: V 5,13,6: μόνον καὶ ἔρημον τῶν ἄλλων. VI 7,40,28: ἔρημον αὐτὸ ἐφ', ἑαυτοῦ τῶν ἐξ αὐτοῦ οὐδὲν δεόμενον. ἀμιγές: V 5,13,20.

10,36f.: δι' αὐτό statt "um seinetwillen": "durch es".

12,20: φθέγγεσθαι statt "solches anzutönen": "von ihm auszusagen", oder "dies zu äußern".

16,19–21: vor 'auf sich selber hinschauen' und 'Sein' fehlt jeweils ein "gleichsam", ebenso vor 'hervorbringen'. Die Sequenz von οἷον ("gleichsam") ab Z. 15 zeigt Plotins Epoché gegenüber der Eindeutigkeit und Genauigkeit der Sprache penetrant an. Es ist also auch im deutschen Text nicht überflüssig.

17,13f.: Beachtet man μὲν und δὲ in Z. 13, dann wird der Gedanke deutlicher: "... das Prinzip, so könnte er nicht durch Zufall sein, was er ist: eine Vielheit zwar, aber dennoch mit sich selbst zusammenstimmend und gleichsam in eine Einheit (oder: in Eins) gefügt".

20,22f.: "... so wahr das, was seiner Anlage nach fähig ist, ein Wesen zusammenzuhalten, ihm auch zu Anbeginn zum Sein verholfen hat" suggeriert zwischen dem "Sich-Zusammenhalten" (vom Ersten gesagt) und dem "sich" oder "Anderes hervorbringen" ein durch Vor und Nach bestimmtes ursächliches Verhältnis. In Wahrheit sollte beides als e i n Akt gedacht werden. Ich fasse daher ὅπερ und τοῦτο in Z. 22 als Akkusativ auf und schlage vor: "Wenn man von Ihm zurecht sagt, daß er sich selbst zusammenhält, dann ist Er es auch selbst, der sich selbst hervorbringt, sofern er das, was er gemäß seiner Natur zusammenhält, auch von Anfang an ins Sein gebracht hat (existent gemacht hat)".

2. *Verzeichnis der Quellen Plotins in V 9 und VI 8*

Plotin auf seine "Quellen" hin zu befragen, wird nicht dazu führen, ihn als einen Eklektiker "entlarven" zu können, "der das Vergangene als solches geschichtlich verdoppelnd nur w i e d e r h o l t e"; eine Erforschung der Quellen "dürfte ihm aber auch nicht primär die Rolle desjenigen zusprechen, der die ihm überkommenen 'disiecta membra' der Tradition s y n t h e t i s i e r t, sie in ein verkürzendes, aber angeblich klärendes 'System' bringt; sie sollte ihn vielmehr begreifen als einen Umformer der philosophischen und religiösen Tradition, der zuvor schon perspektivenreich und in ambivalenter Argumentation durchdachte Gedanken und Erfahrungen aufgreift und weiterdenkt, sich mit bestimmten charakteristischen Lösungsversuchen auch identifiziert, indem er den eigenen Gedanken in ihnen findet". Plotins Denken erweist sich als ein "Doppelspiel zwischen Identifikation mit der philosophischen Überlieferung und Innovation auf einen eigenen originären Gedanken hin, der zugleich späteres Denken prägt".[1] Plotins Aussage über sein Verhältnis zur philosophischen Tradition am Beispiel Platons: daß nämlich die "jetzigen Lehren nur eine Auslegung jener alten" seien (τοὺς δὲ νῦν λόγους ἐξηγητὰς ἐκείνων, V 1,8,12), er selbst sich demnach "nur" oder primär als einen "Interpreten" Platons versteht, darf nicht zum ausschließlichen Richtmaß für unsere eigene Einschätzung dieses Verhältnisses genommen werden. Geht man den Hinweisen auf die Quellen nach, indem man sie selbst aus ihrem eigenen Kontext zu verstehen versucht, so wird man in Plotins Anknüpfung an die Überlieferung noch mehr deren Umformung als eine Anpassung an sie erkennen.

Die im folgenden verzeichneten Fontes sind mit freundlicher Zustimmung Hans-Rudolf Schwyzers H-S^2 II 288–301 und III 239–268 und 303 entnommen. Die Hinweise – dem Zeilenfall der vorliegenden Ausgabe entsprechend – betreffen Zitate und Anspielungen; letztere sind durch 'cf.' (vgl.) gekennzeichnet. Auch einige Querverweise innerhalb der Enneaden sind aufgenommen. Zum Problem: Sources de Plotin (vgl. Sammelbände). H.-R. Schwyzer, Plotinos 572–581 und 325ff. E. R. Dodds, Tradition and Personal Achievement. H. Dörrie, Tradition und Erneuern in Plotins Philosophieren, in: Platonica Minora 375–389. W. Beierwaltes, Plotins Erbe.

[1] W. Beierwaltes, Plotins Erbe 76.

V 9 [5]

1 1–10 cf. Plat., Phaed. 81 b–c 7 οἵ γε scil. Epicurei 10 οἱ δὲ scil. Stoici 11–12 cf. Stoic. Vet. Fr. (v. Arnim) III, n. 23 15 Stoic. Vet. Fr. III, n. 64 (= Alex. Aphrod., De an., Suppl. Aristot. II, I, p. 160,5) et 118; Sext. Emp., Adu. math. XI, 133 16 τρίτον δὲ γένος scil. Platonici, cf. Plat., Phaed. 82b10 21 cf. Hom. ε 37

2 2–3 cf. Plat., Phaedr. 248d3–4 4–7 = Plat., Symp. 210b3–c6 10 cf. Plat., Phaedr. 251e5 12 cf. Plat., Symp. 210e3 22 sq. cf. Aristot., De an. Γ 5, 430a22 24 sq. cf. Plat., Resp. 509b9 et Aristot., Fr. 49 Rose[3] = p. 57 Ross = Simplicius, In De caelo II. 12, p. 485,22 26 = Plat., Phileb. 64c1 28 cf. Plat., Tim. 37d6

3 7–8 χωριστός cf. V 9,4,18, τὰ ὄντα cf. V 9,5,13, ἡ–ἐνταῦθα cf. V 9,8,4 7 cf. Aristot., De an. Γ 5, 430a17 15 συγκρίματα cf. Democrit. Fr. A 1, II 84,14 (Diels, Fr. d. Vorsokratiker) 37 cf. Plat., Tim. 50c5

4 3 cf. Aristot., De caelo A 2, 269a19–20 5 οἴονται scil. Stoici, cf. IV 7,8[3], 8–9 et Stoic. Vet. Fr. I, n. 374.377; II, n. 835.836.837.839

5 17 cf. Stoic. Vet. Fr. II, n. 88 = Sext. Emp., Adu. math. VIII,56 20 sq. = Plat., Tim. 28c3–4 25–26 cf. Stoic. Vet. Fr. II, n. 1013, p. 302,36–37 Arnim 29 cf. Numenius, Fr. 22 Leemans = Fr. 13 des Places = Eusebius, Praep. Evang. XI. 18,14 30 = Parm., Fr. B 3 30–31 = Aristot., De an. Γ 4, 430a3 et Γ 7, 431a1–2 32 = Heraclit., Fr. B 101 32 cf. Plat., Phaed. 72e5 38–40 cf. Aristot., Metaph. Δ 2, 1013b6–9 42 cf. Plat., Resp. 597c3 46 sq. cf. Plat., Crat. 400c7 = Orphicorum Fr. 8

6 3 et 8 = Anaxagoras, Fr. B 1 20 cf. Stoic. Vet. Fr. II, n. 743 24 cf. Aristot., Phys. Θ 6, 259b20

7 3–5 cf. Plat., Resp. 533e8–534a2 8–10 cf. Aristot., Metaph. Λ 7, 1072b21–3 12 cf. Anaxagoras, Fr. B. 1 14–16 cf. Plat., Parm. 132b3–4

8 9 cf. Plat., Crat. 396b6–7

9 5 cf. Plat., Tim. 33b2–3 9 = Plat., Tim. 39e8 10–11 cf. Stoic. Vet. Fr. I, n. 102 = Diog. Laërt. 9,44

10 12–14 cf. Plat., Soph. 254d5 et 254e5–255a1

11 11 ῥυθμὸν καὶ ἁρμονίαν cf. Plat., Resp. 398d2; Symp. 187c5; Leg. 655a5

12 3–4 cf. Aristot., Metaph. H 1, 1042a15 6 cf. Plat., Resp. 474d8–9

14 5 λεκτέον cf. V 4 8 cf. Plat., Parm. 130c6 12 λεχθήσεται cf. V 4

VI 8 [39]

1 33–34 cf. Aristot., Eth. Nic. Γ 1, 1110a1 et Γ 3, 1111a22–4; Alex. Aphrod., De fato 14, Suppl. Aristot. II, 2, p. 183,27–30 et 15, p. 185,13 37–38 cf. Aristot., Eth. Nic. E 10, 1135a28–30 39–42 contra Aristot., Eth. Nic. Γ 2, 1110b30–3

2 3–9 cf. Aristot., Eth. Nic. Γ 3, 1111a25–34; Alex. Aphrod., Quaest. mor. 29, Suppl. Aristot. II, 2, p. 159,27–32, sed uterque de ἑκουσίῳ 6 cf. Aristot., Eth. Nic. Γ 4, 1111b8–9 6–9 cf. Alex. Aphrod., De fato 14, Suppl. Aristot. II, 2, p. 183,30–184,9 7 cf. Aristot., Eth. Nic. H 7, 1149b35–1150a1 8 cf. ibid. Γ 7, 1114a32 11–12 cf. Aristot., De an. Γ 10, 433a18–20 21–25 cf. Alex. Aphrod., De fato 14, Suppl. Aristot. II, 2, p. 184,15–19

3 1 αὖ cf. VI 8,1,18 4 ἐν λόγῳ ὀρθῷ cf. VI 8,2,10 4–5 cf. Plat., Phaed. 73a9–10 6 αὐτεξούσιον cf. Stoic. Vet. Fr. II, n. 975

4 9 ἔξωθεν cf. Aristot., Eth. Nic. Γ I, 1110a2

5 2 cf. Anaxagoras, Fr. B 12 3 cf. Aristot., Eth. Nic. K 8, 1178b6 31 = Plat., Resp. 617e3

6 1–3 cf. VI 8,1,32–3 5–6 cf. Aristot., Eth. Nic. Γ 7, 1113b6 20–21 cf. Plat., Resp. 433c10–d1 24–25 = ibid. 518d10–e2 32 cf. Aristot., De an. Γ 9, 432b26–7

7 3 cf. Plat., Phileb. 60b10 3–4 cf. ibid. 20d8; Aristot., Eth. Nic. A 1, 1094a3

7 cf. Plat., Resp. 519d1 33–34 cf. Aristot., Phys. B 6, 198a9–10

8 14 cf. Plat., Parm. 141e9–10 19 οὐ παρ' αὐτῆς cf. VI 8,7,13–14 21–26 cf. Aristot., Metaph. K 8, 1065a28–b3 26 cf. ibid., A 3, 984b14; Z 7, 1032a29; Phys. B 4, 195b31

9 18–23 cf. Plat., Epist. II 312e 27 = Plat., Resp. 509b9

11 6–7 cf. Aristot., Anal. post. B 1, 89b24–5 8–9 cf. Plat., Phaedr. 245d2–3 15–16 cf. Hesiod., Theog. 116; Aristot., Phys. Δ 1, 208b31–3

12 30 ἀπέδομεν cf. VI 8,12,13–17

13 16–17 cf. Plat., Phileb. 20d1; 54c10; 60b4–10 39 cf. Hom. ξ 262 ἐπισπόμενοι μένεϊ σφῷ

14 2–3 cf. Aristot., Metaph. H 3, 1043b2–3 4–5 = Arist., Me-

taph. H 3, 1043b2 17 που εἰρημένον cf. VI 7,1–2 29 cf. Aristot., Anal. post B 2, 90a15 37–38 = Plat., Epist. VI, 323d4

15 1 cf. Plat., Phaedr. 250e1 7 πάλιν αὖ cf. VI 8,13,27 8 πάλιν αὖ cf. VI 8,13,55 19 = Plat., Resp. 509a3

16 13 = Plat., Phaedr. 250c4 31 ἐγρήγορσις cf. Aristot., Metaph. Λ 7, 1072b17 34 = Plat., Resp. 509b9 et 521a4; ἐπέκεινα νοῦ cf. Aristot., Fr. 49 Rose[3] = p. 57 Ross = Simpl. In De caelo II, 12, p. 485,22

17 1–4 cf. Plat., Tim. 30b6–c1 7 εὐθημοσύνη cf. Hesiodus Op. 471

18 3 περίληψις cf. Plat., Tim. 30c8; μέτρον cf. Plat., Leg. 716c4 41–43 cf. Plat., Phileb. 28d6–7 44 = Plat., Polit., 284e6–7

19 13 = Plat., Resp. 509b9

20 28 cf. Plat., Gorg. 491d7

21 19 συνέχειν cf. VI 8,20,21

www.ingramcontent.com/pod-product-compliance
Ingram Content Group UK Ltd.
Pitfield, Milton Keynes, MK11 3LW, UK
UKHW041952190726
13854UKWH00005B/1921

9 783787 309290